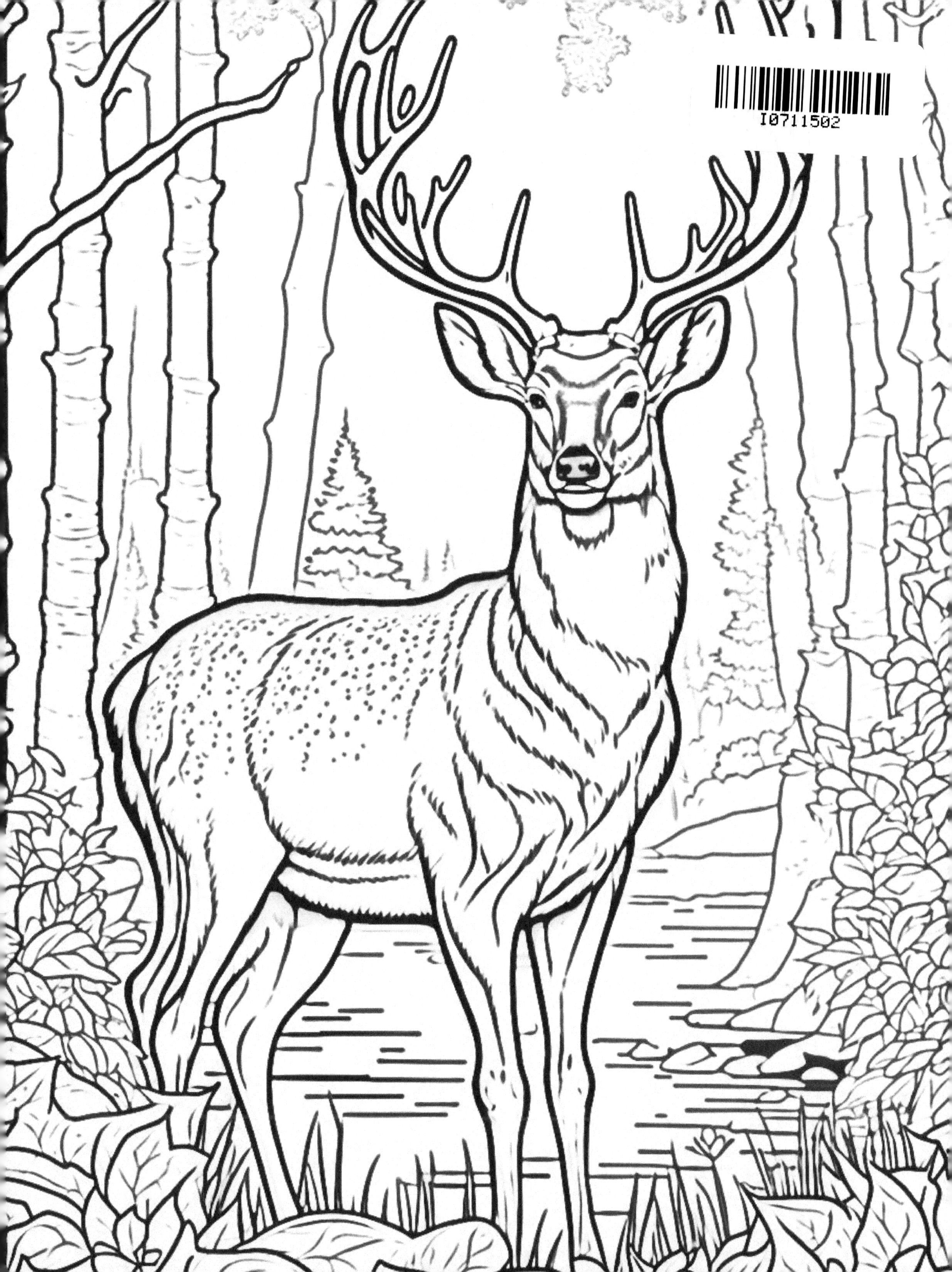
I0711502

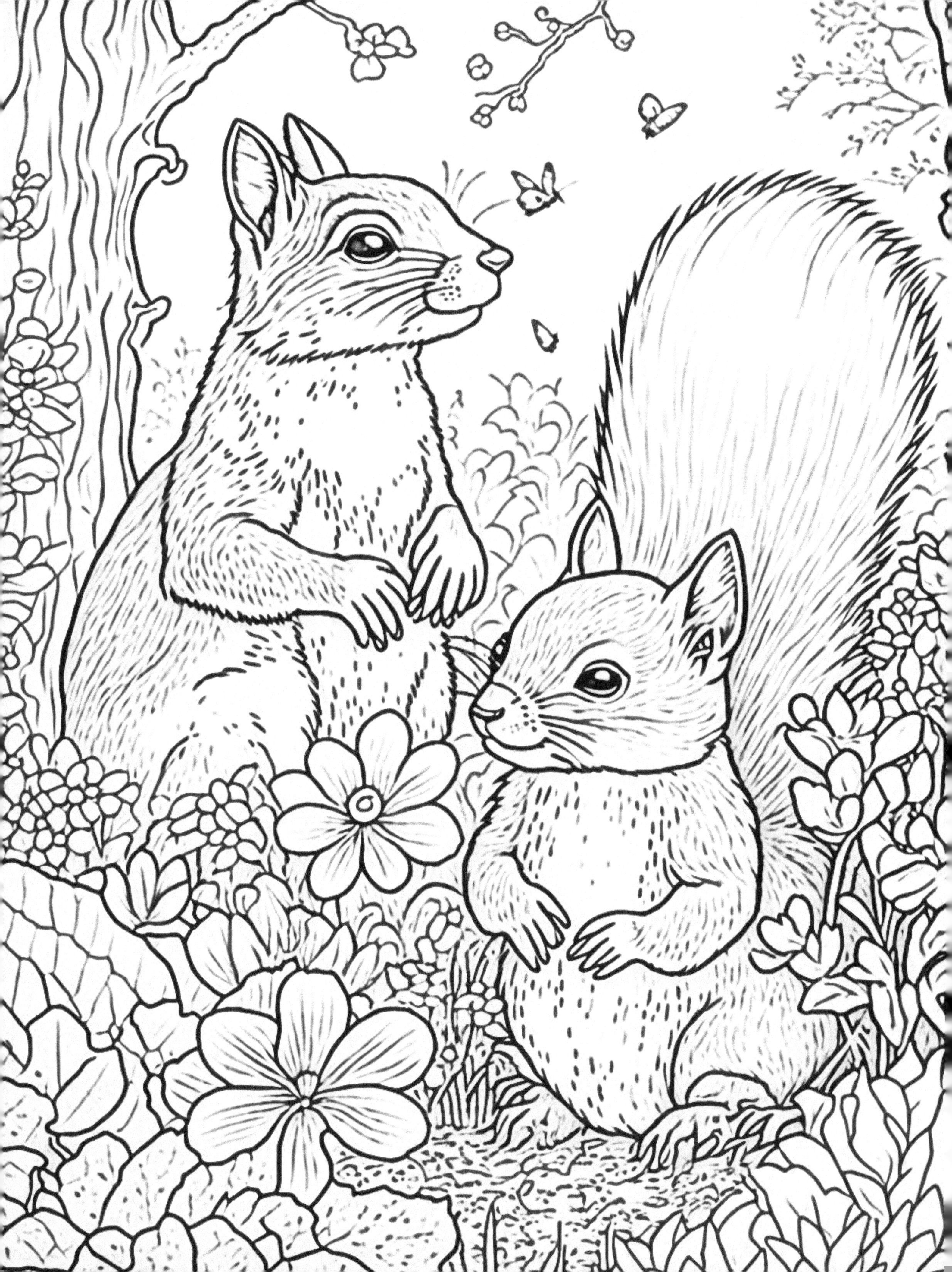

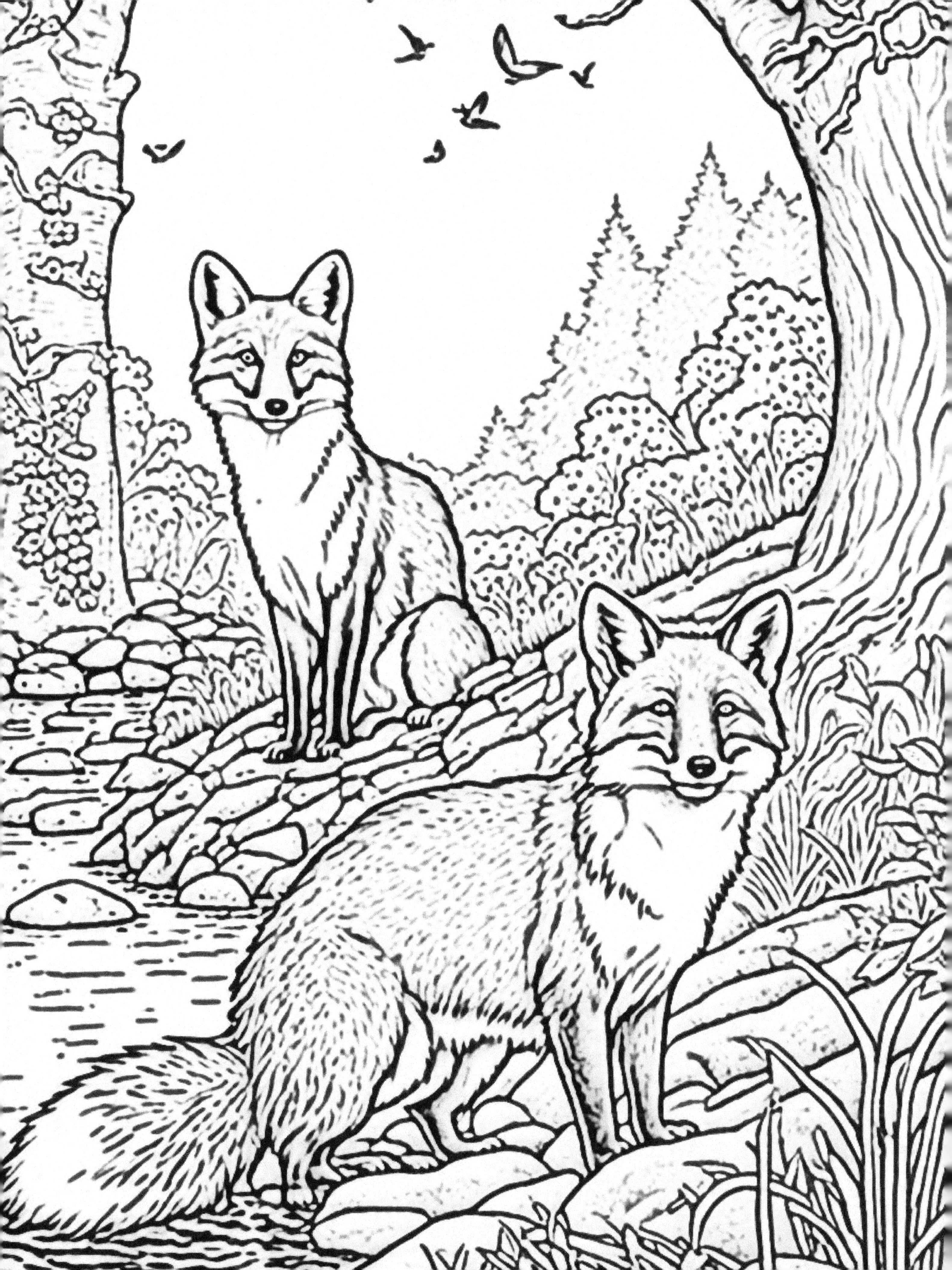

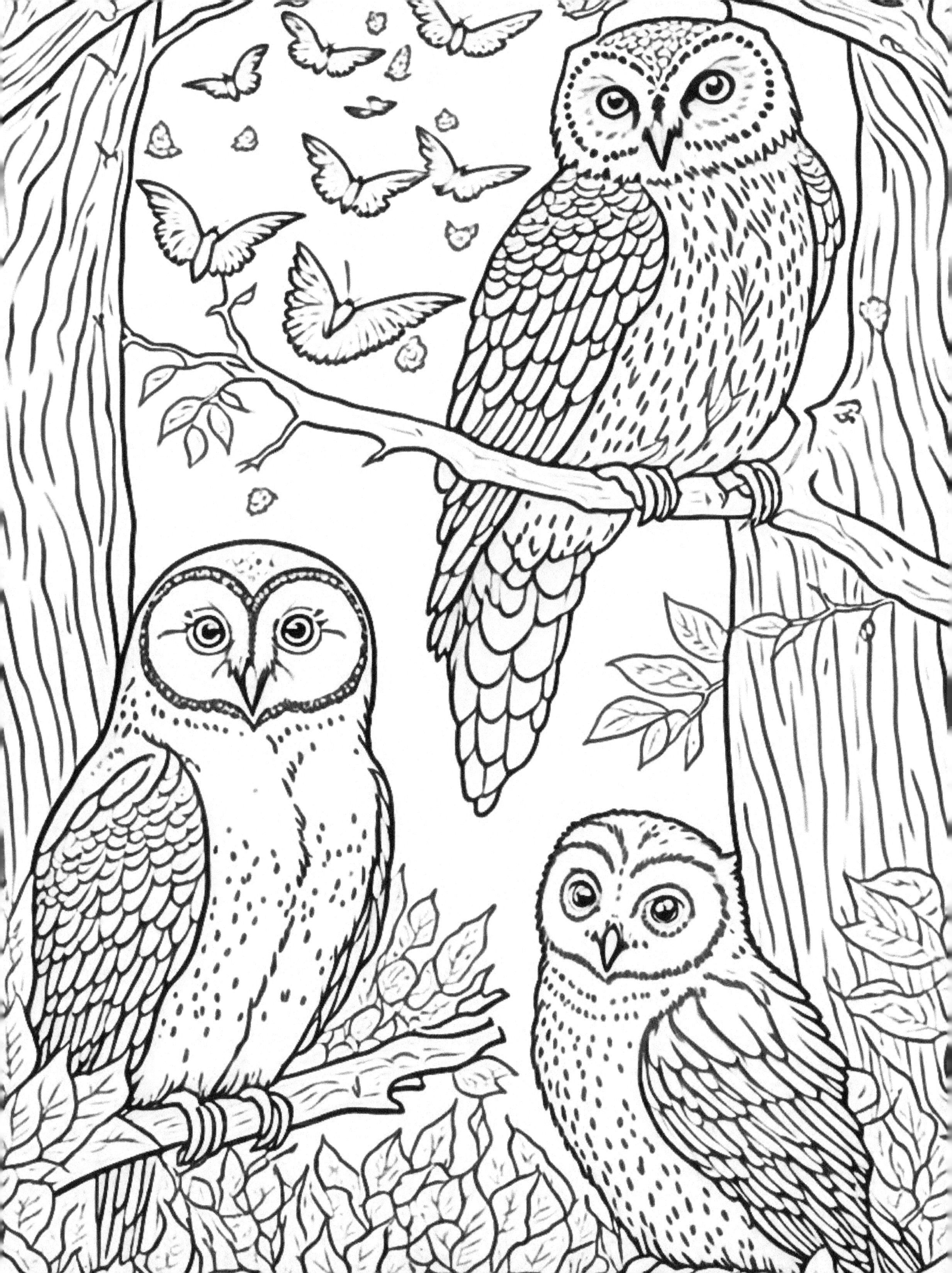

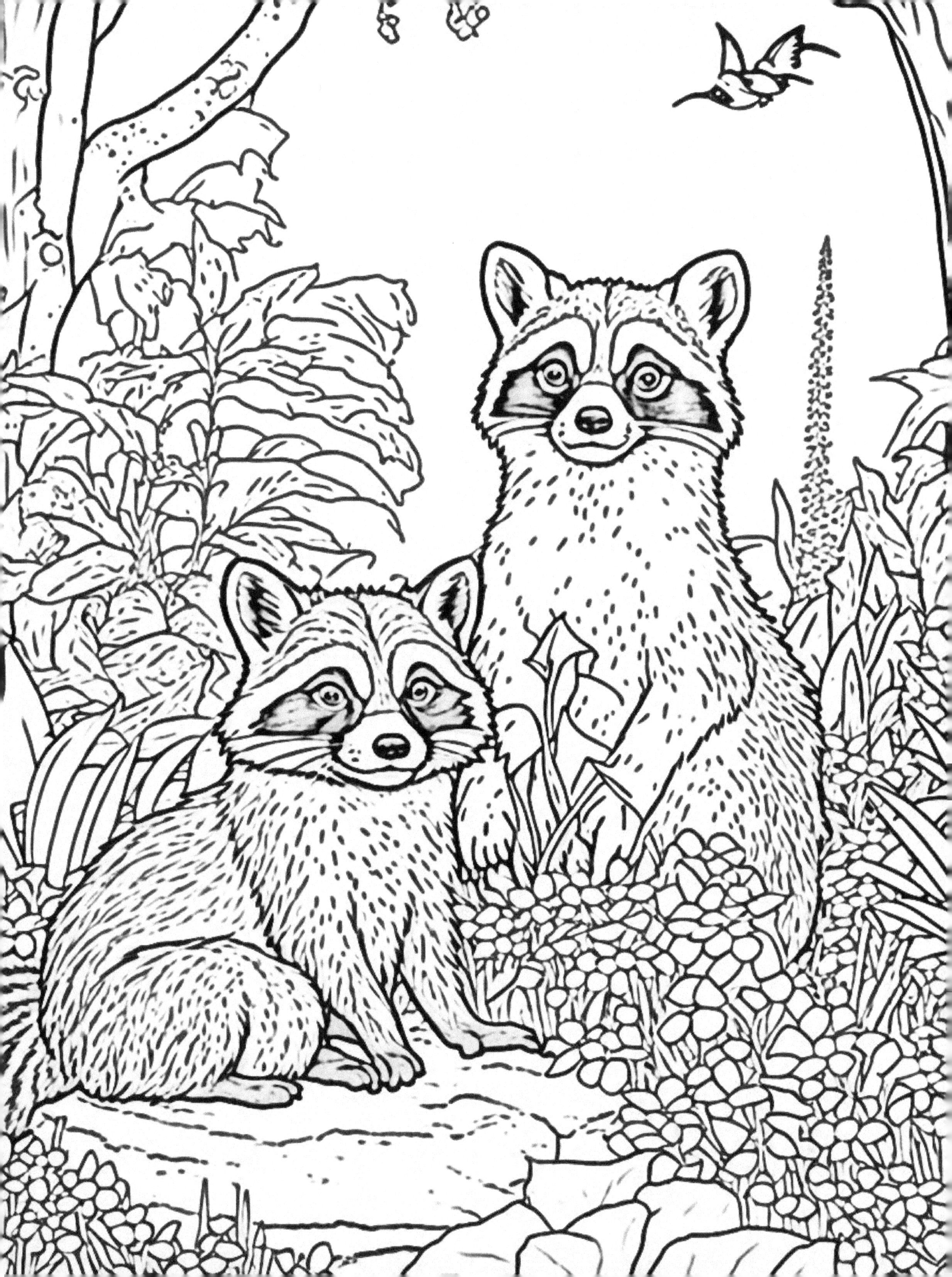

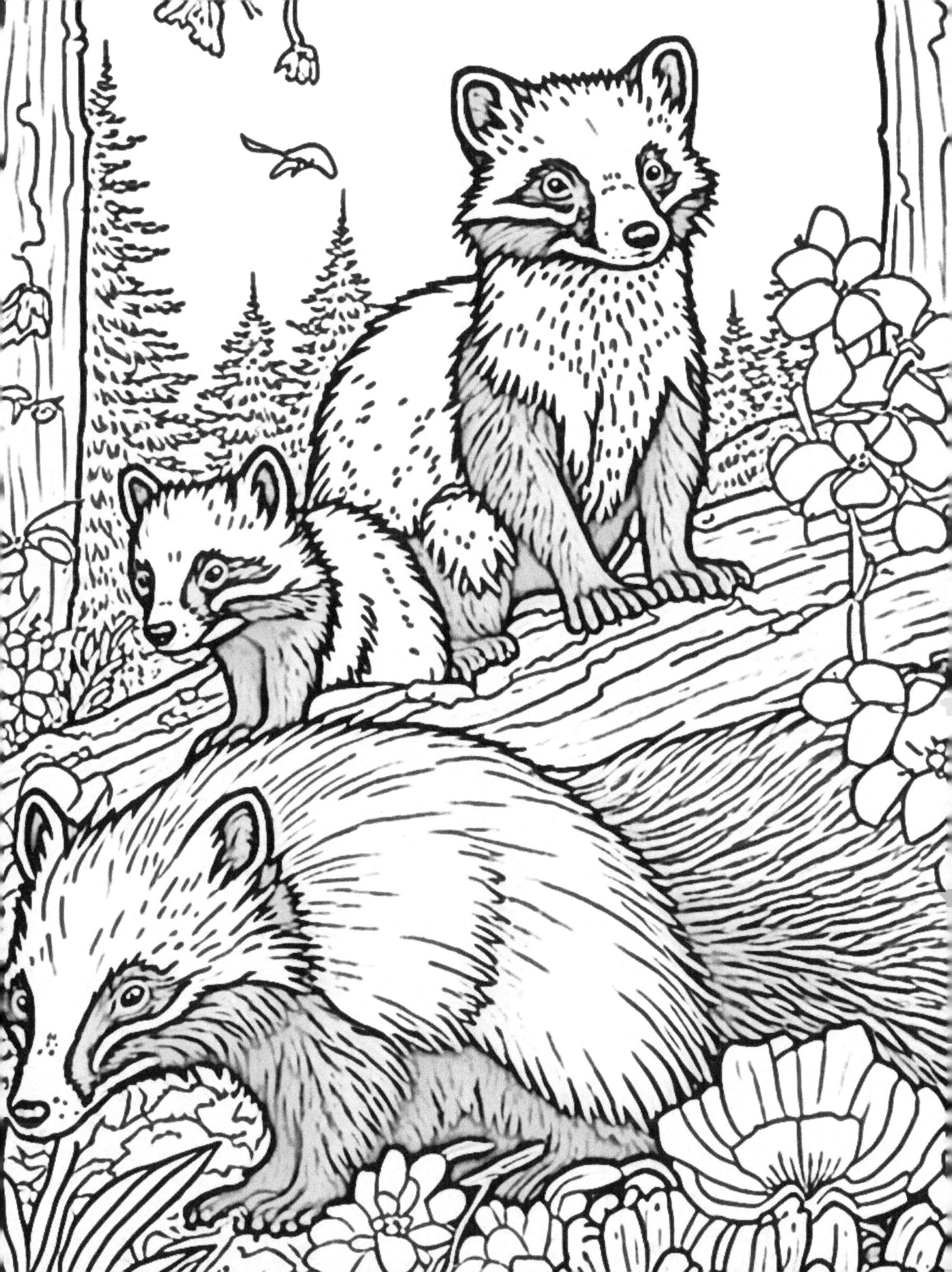

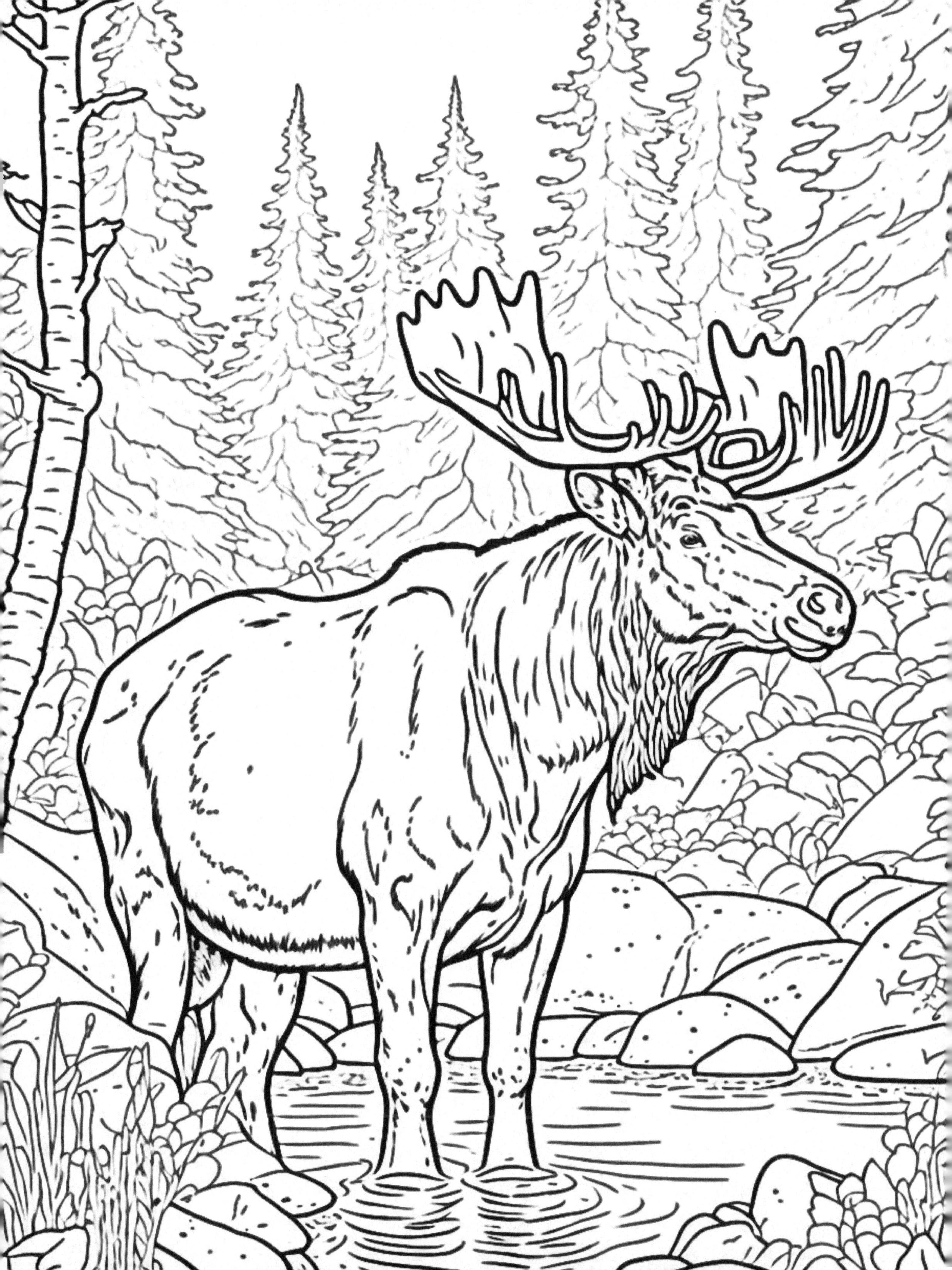

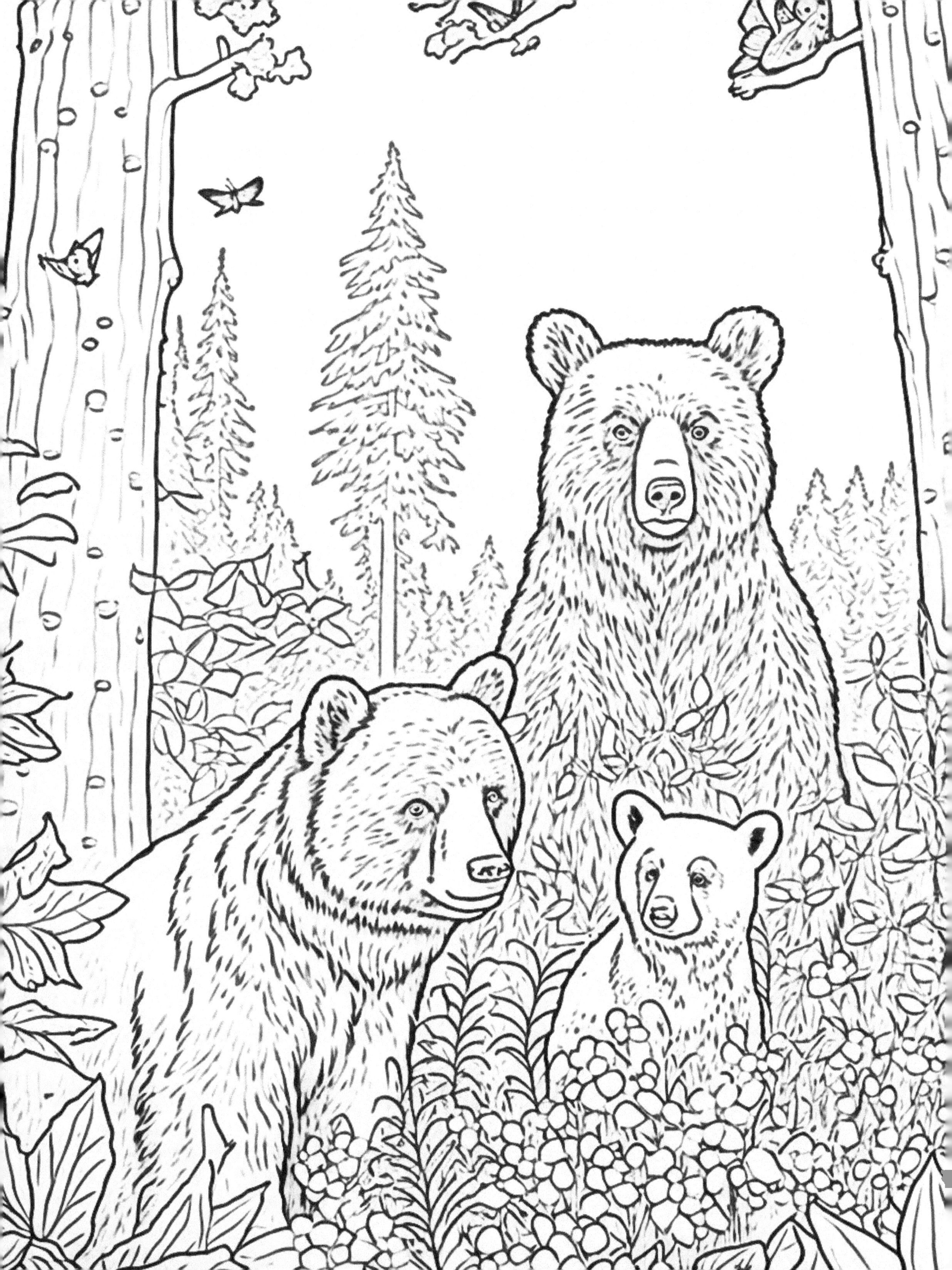

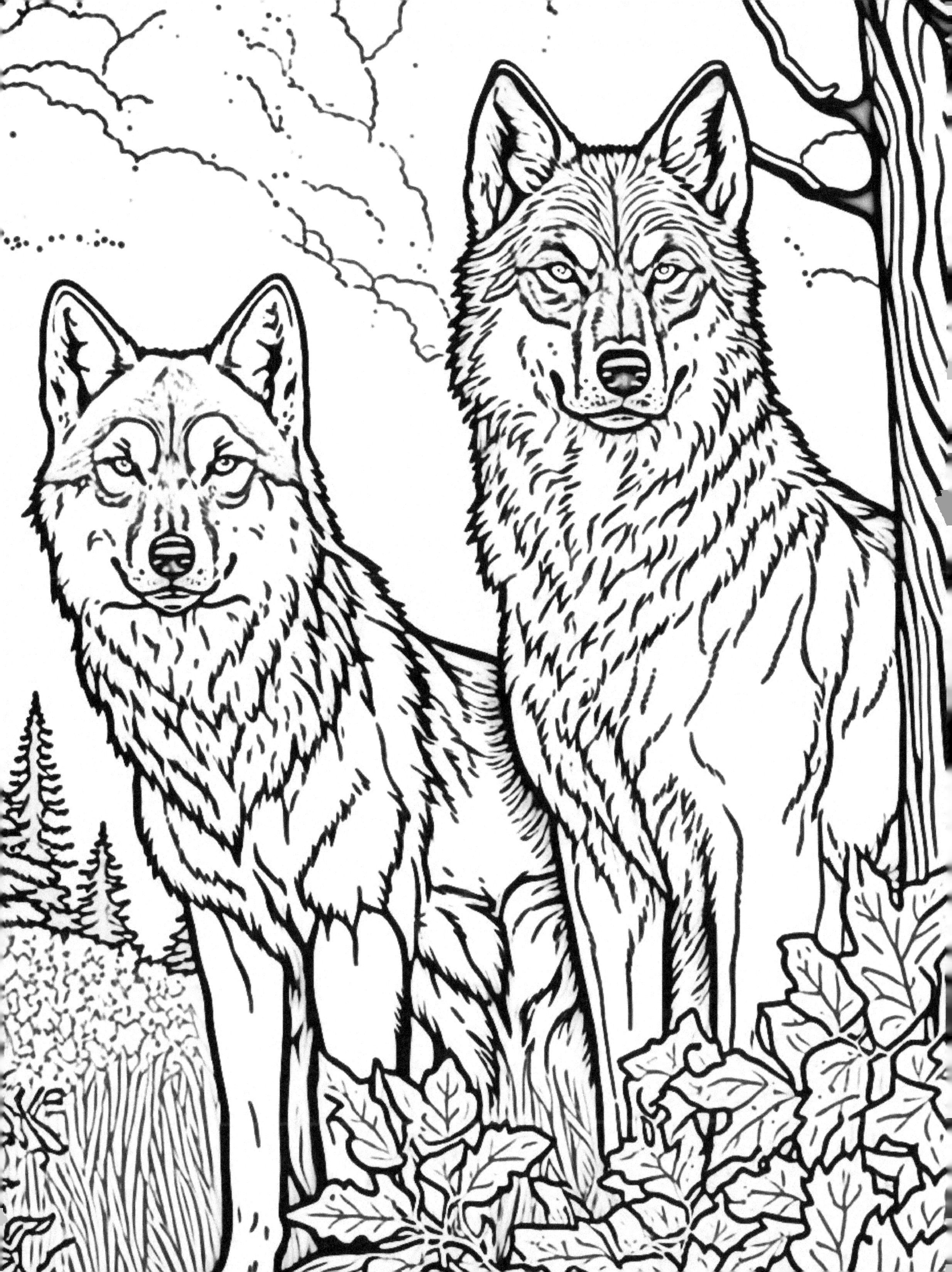

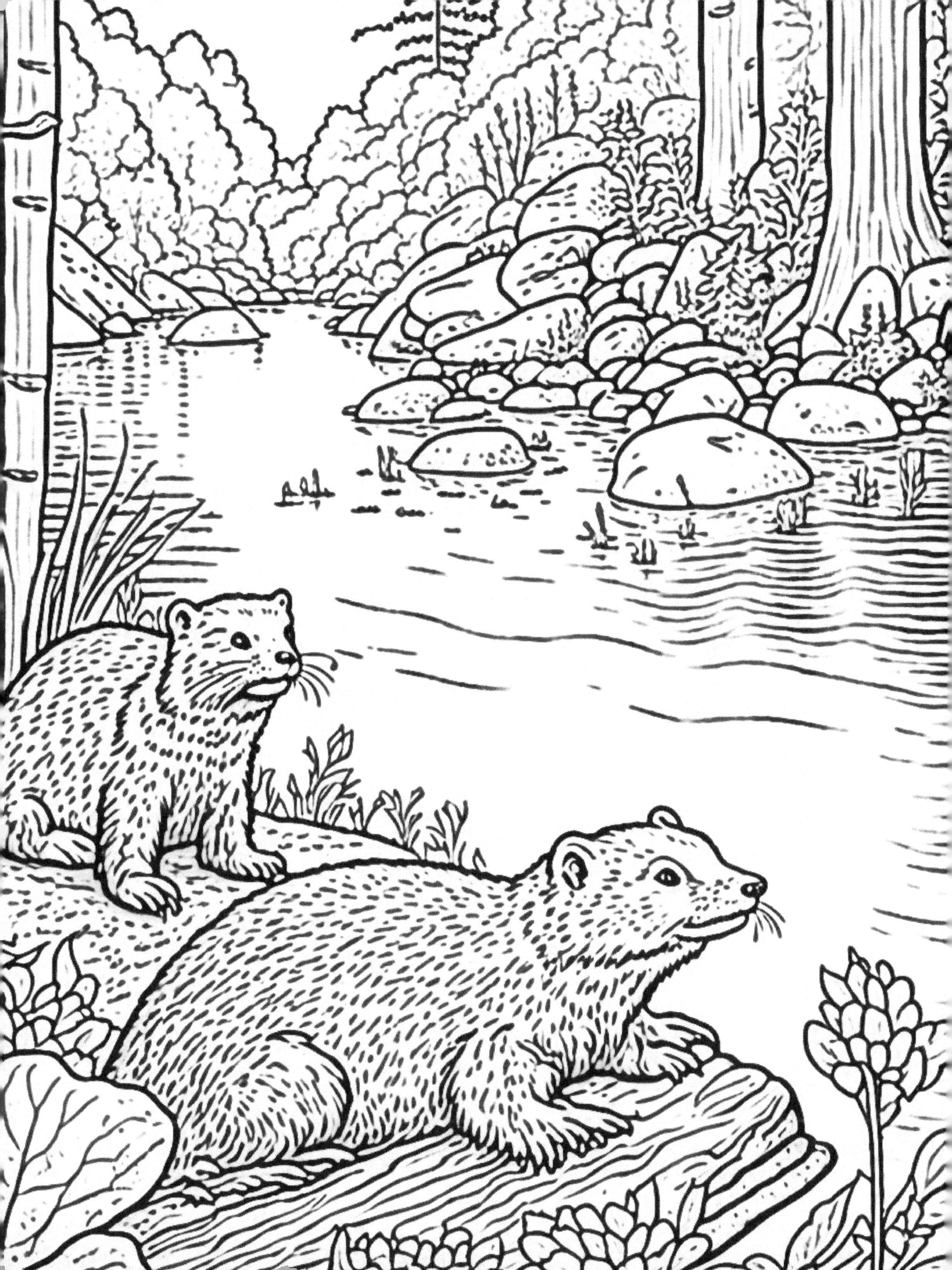

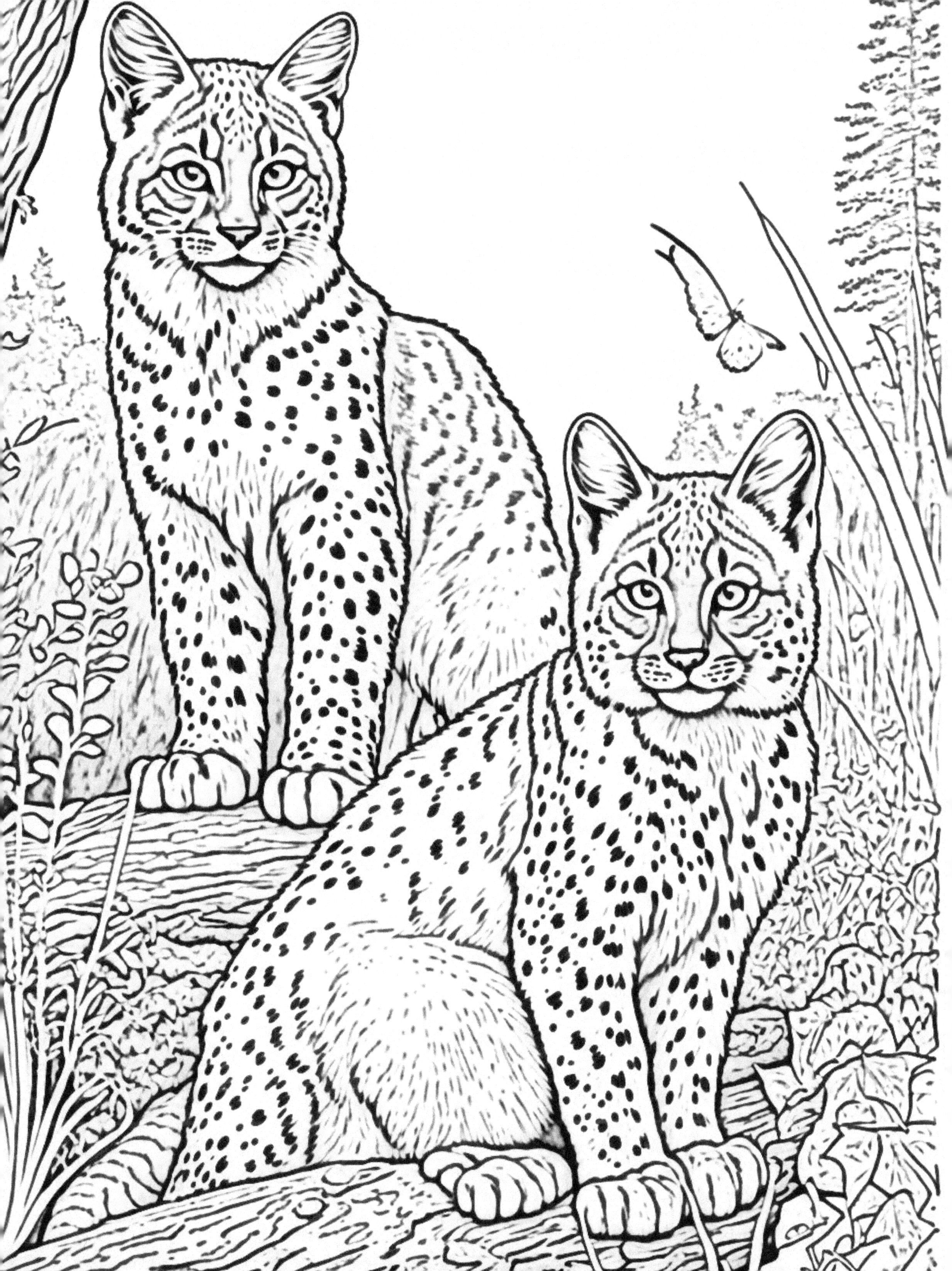

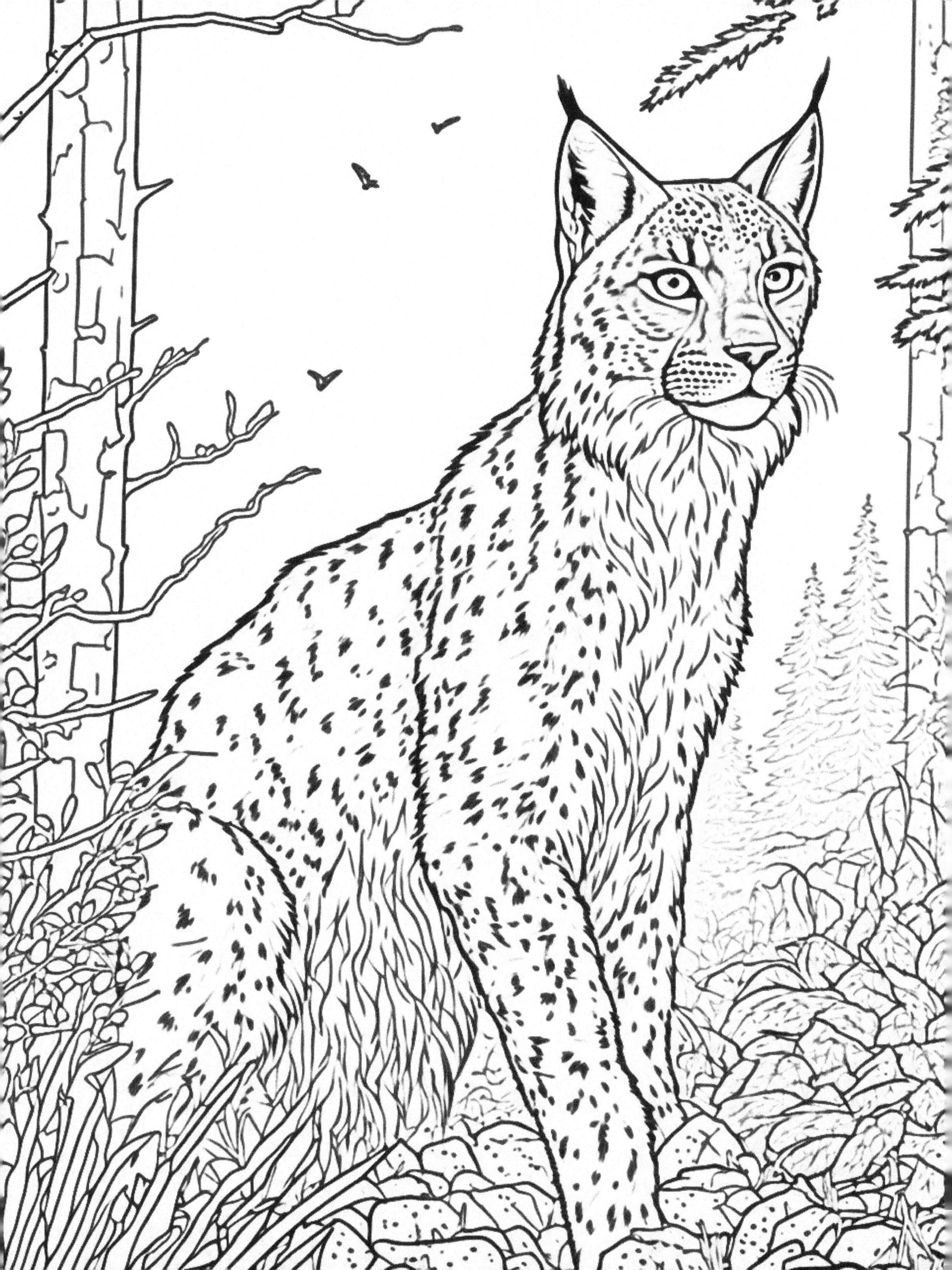

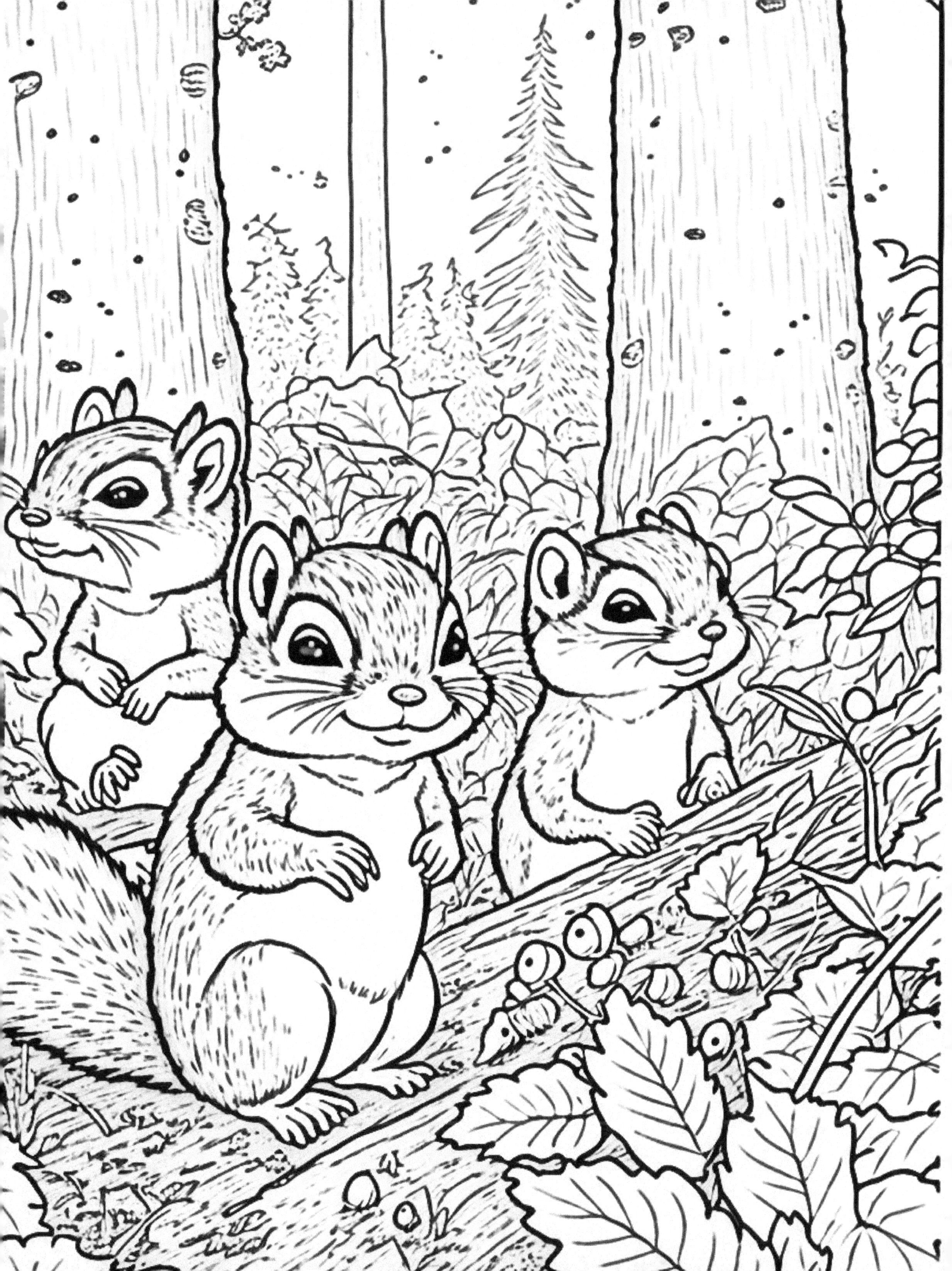

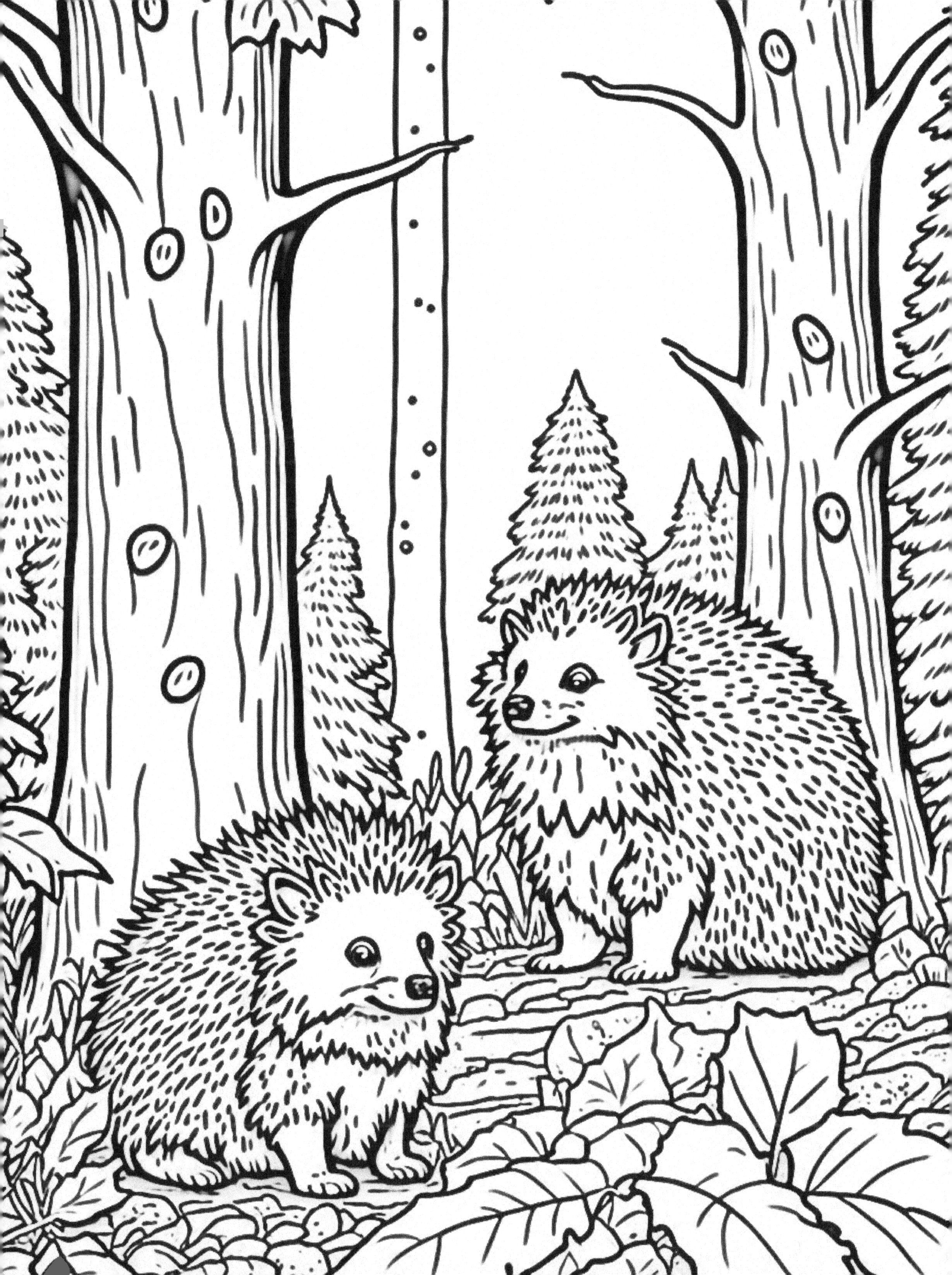

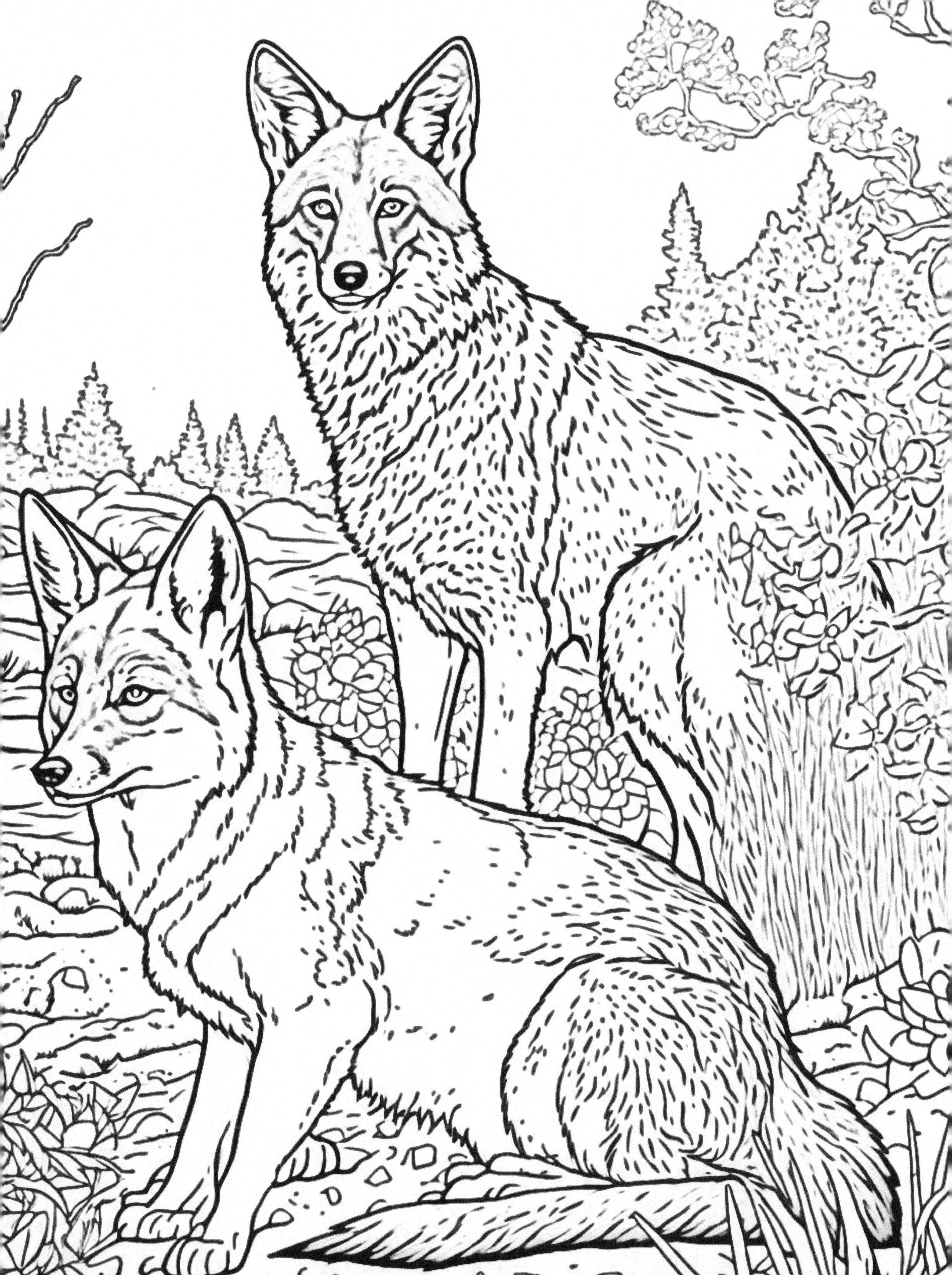

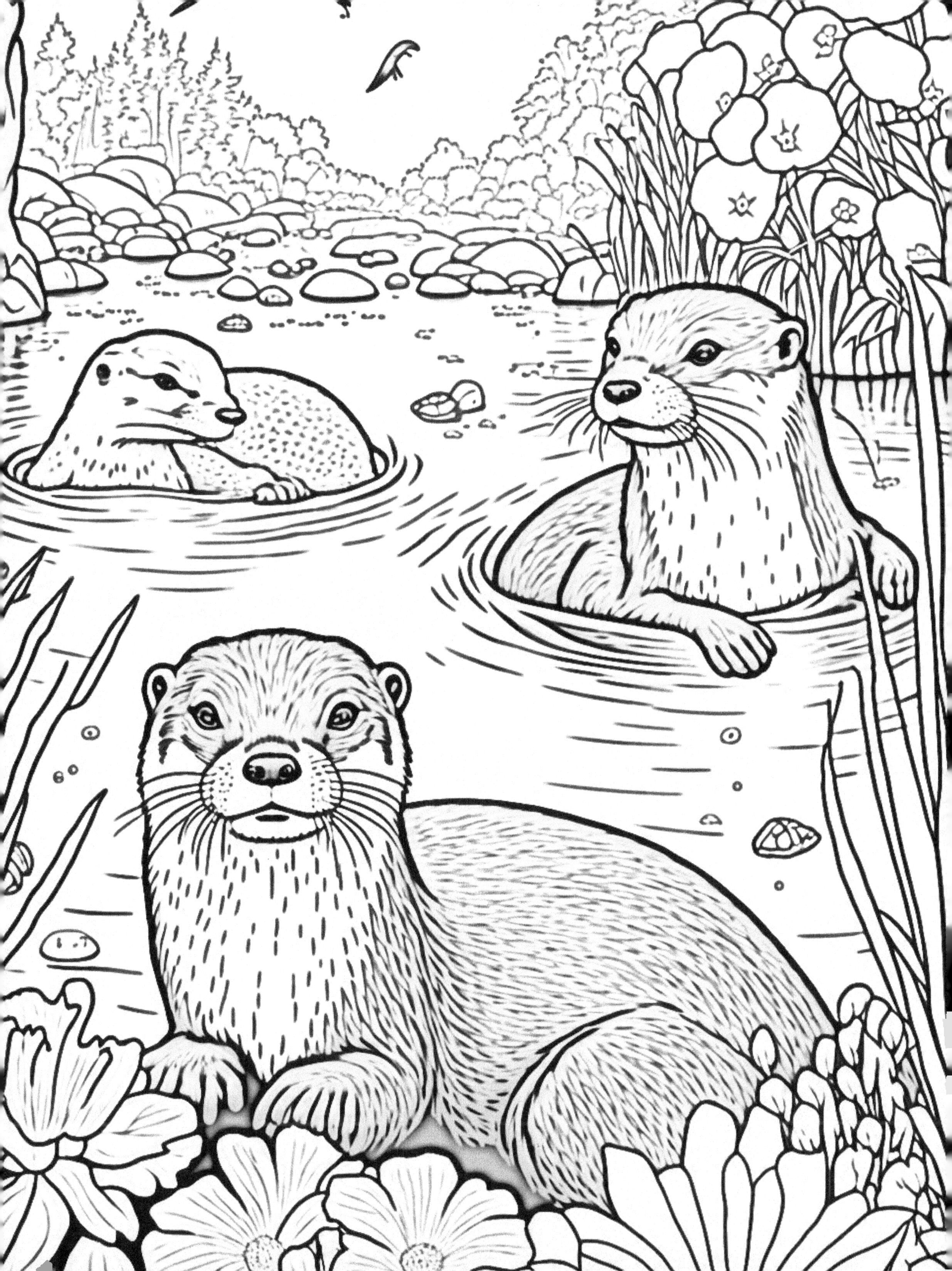

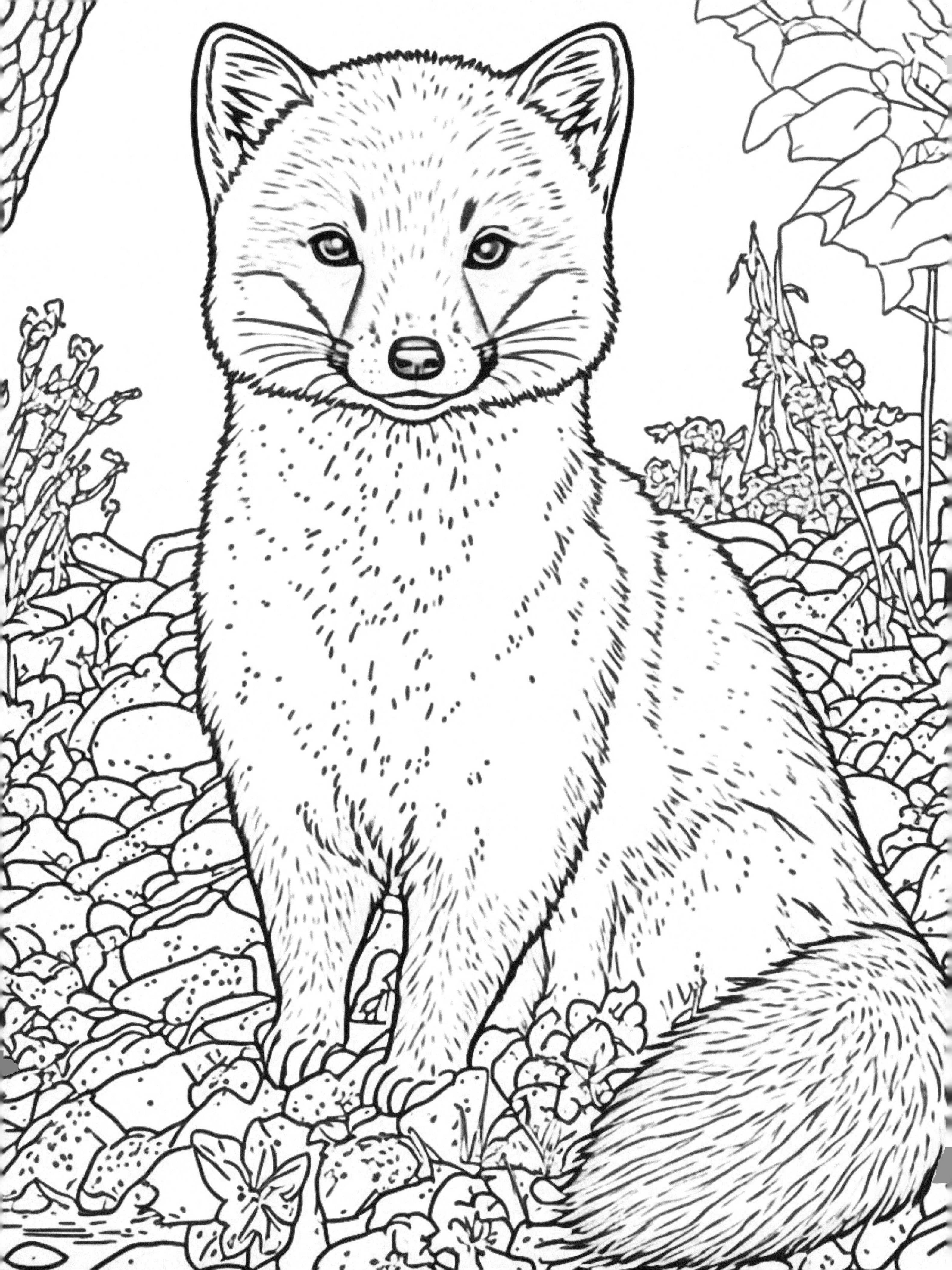

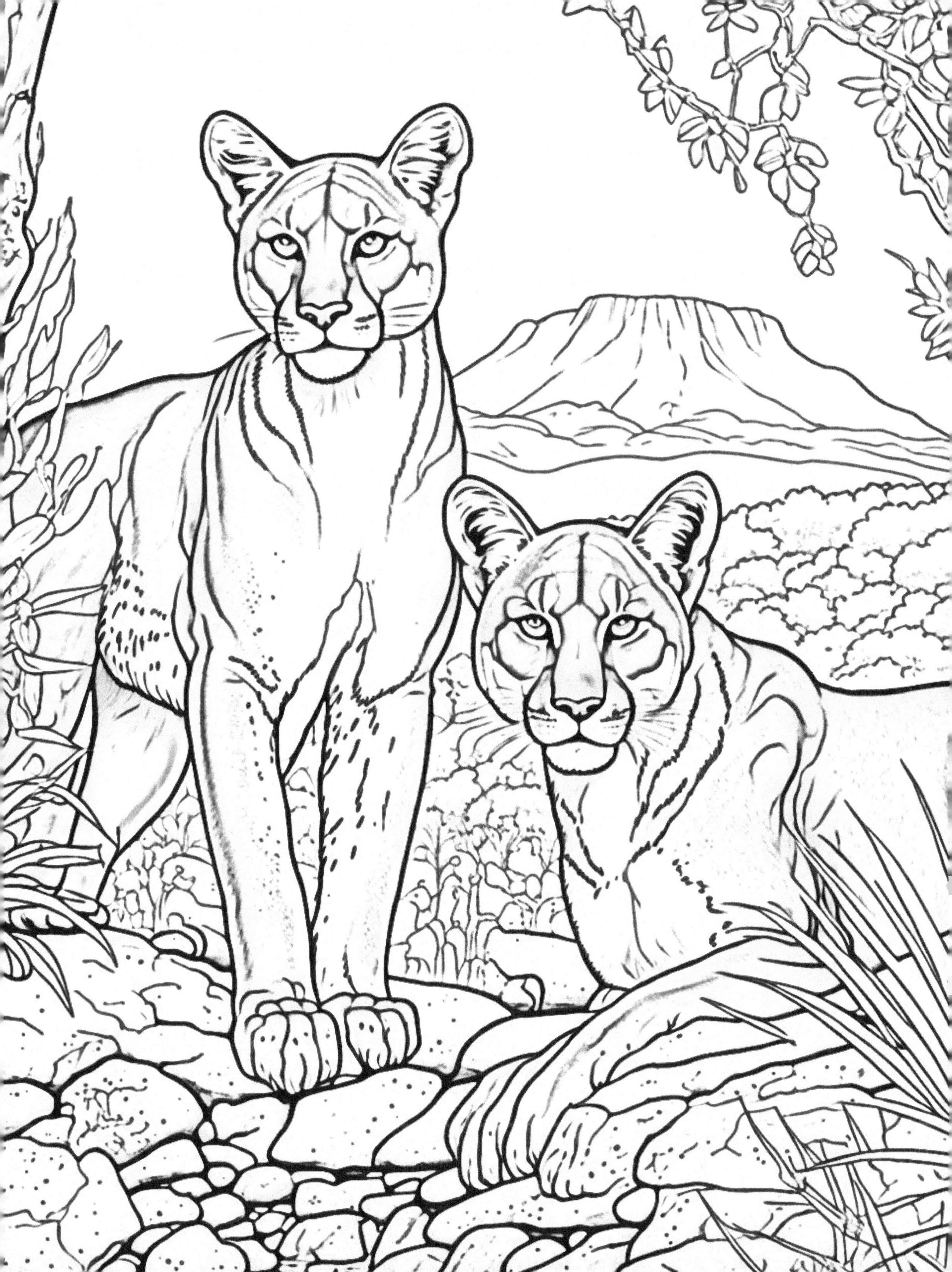

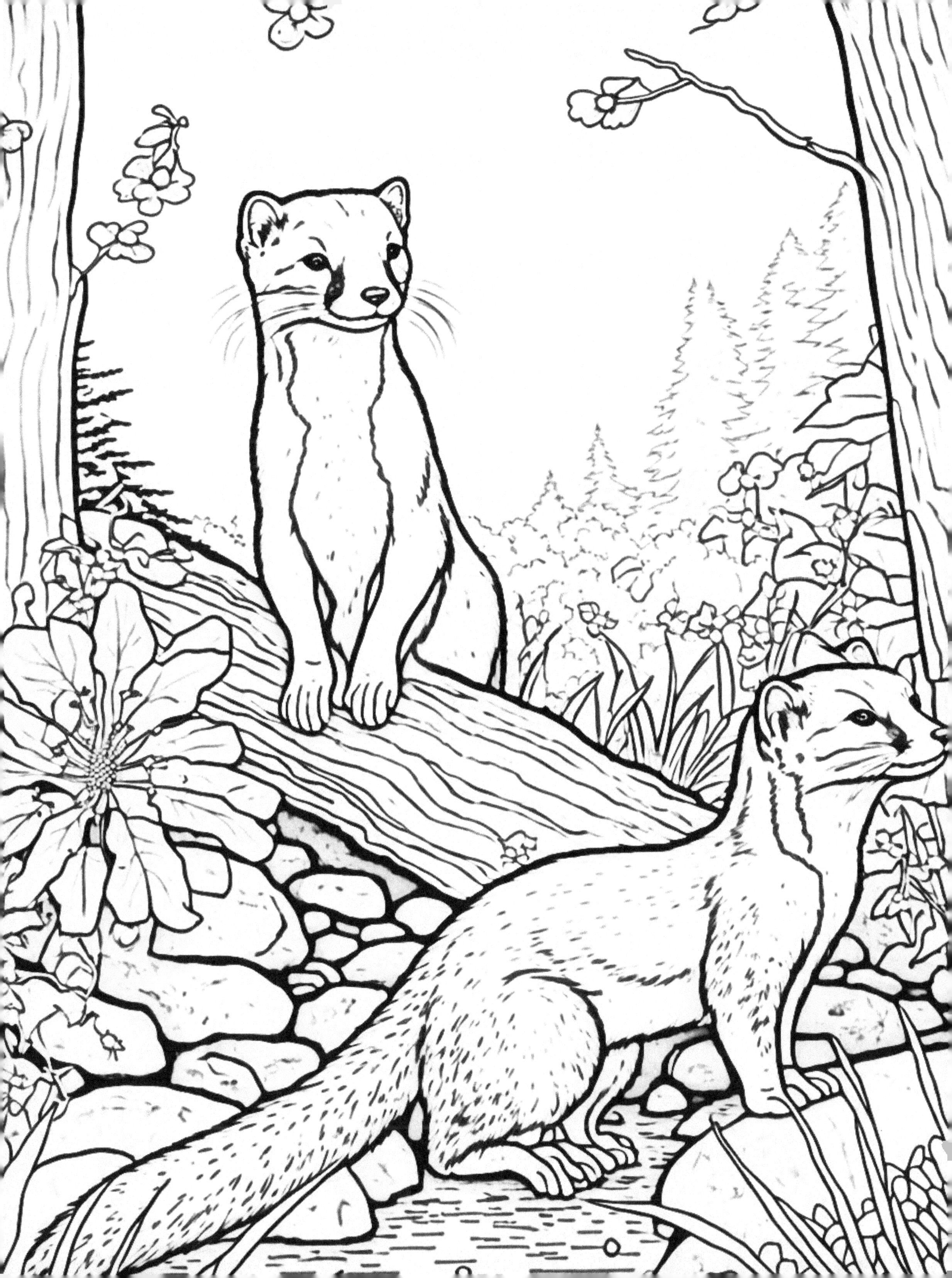

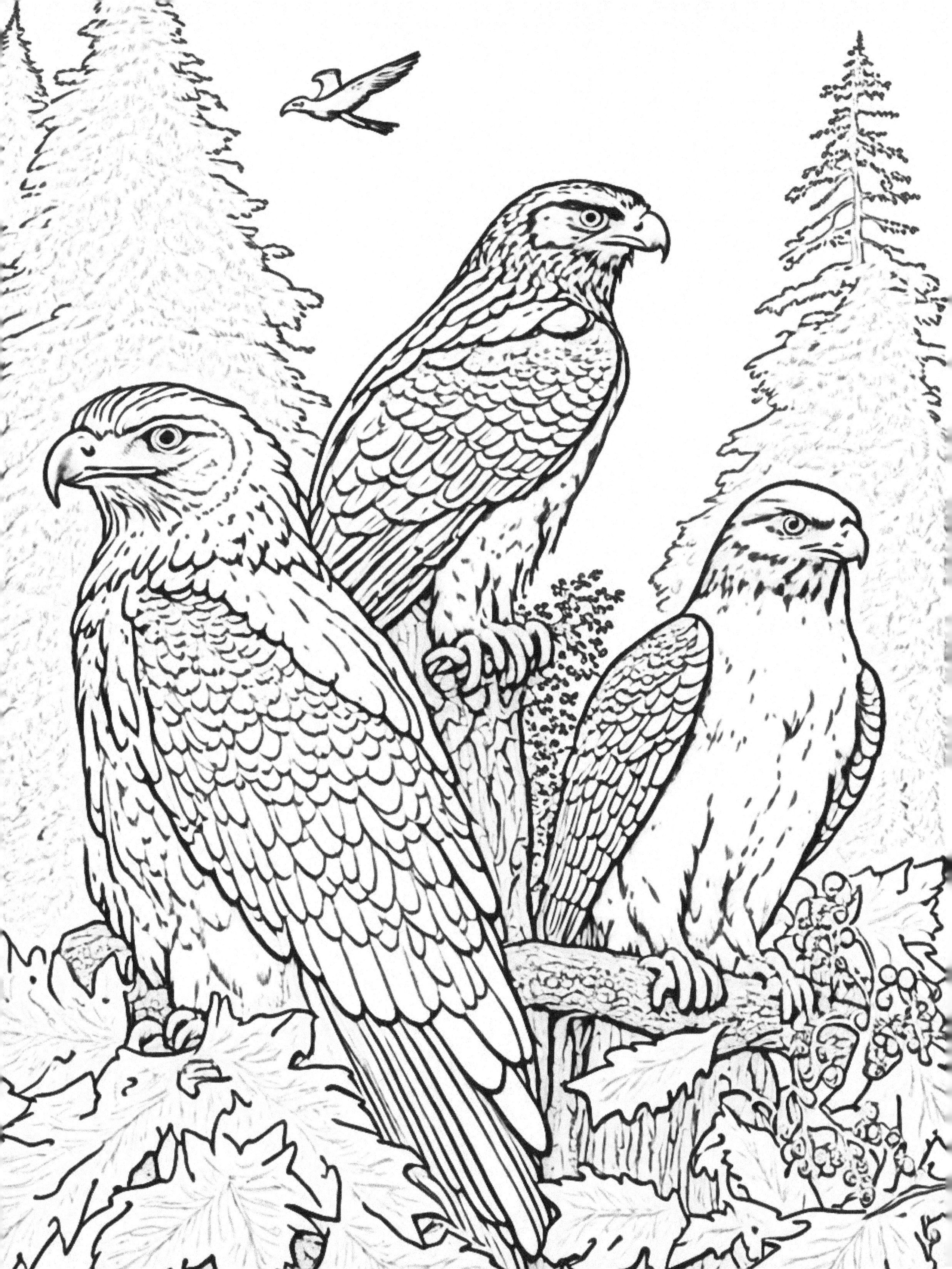

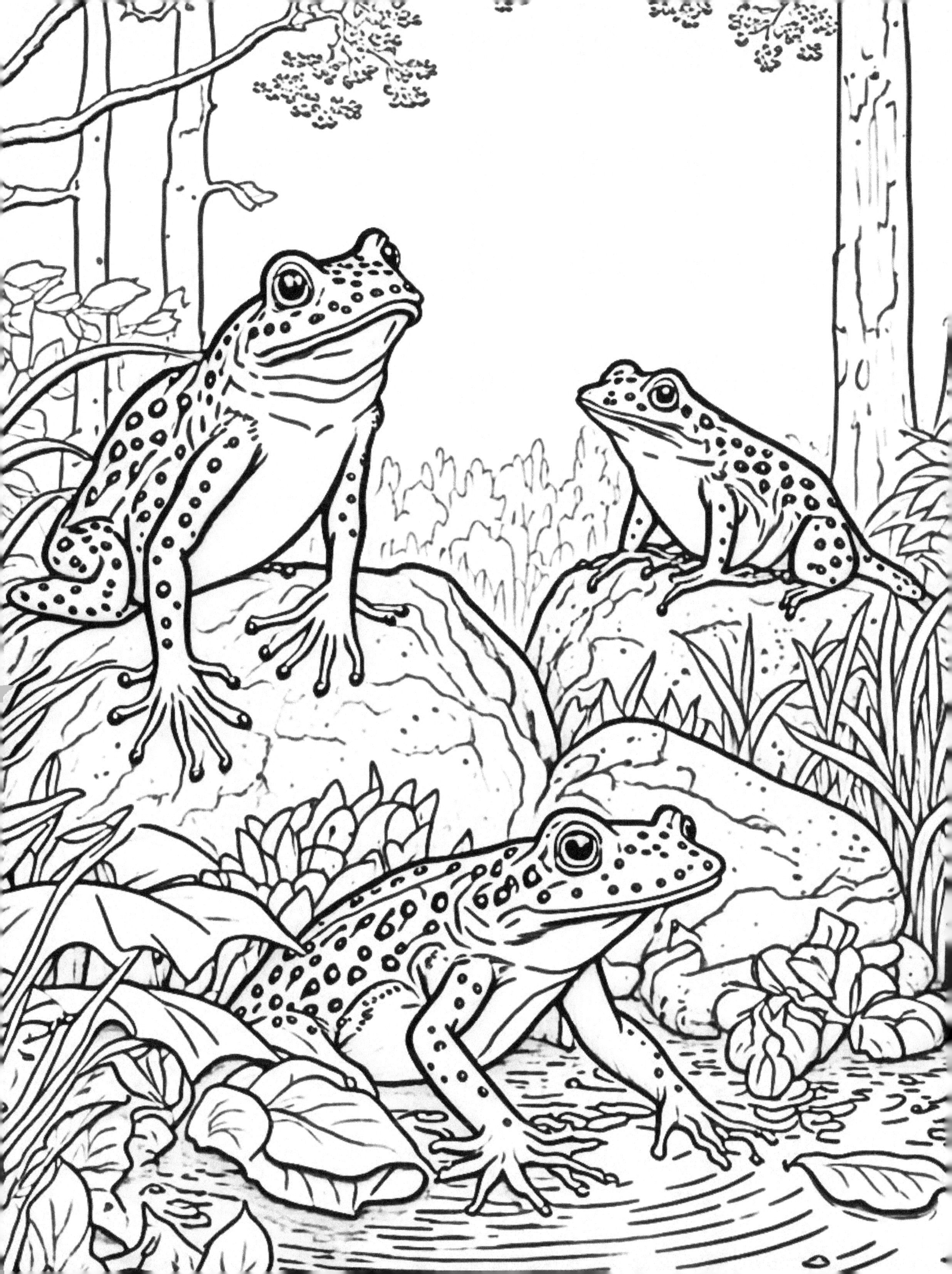

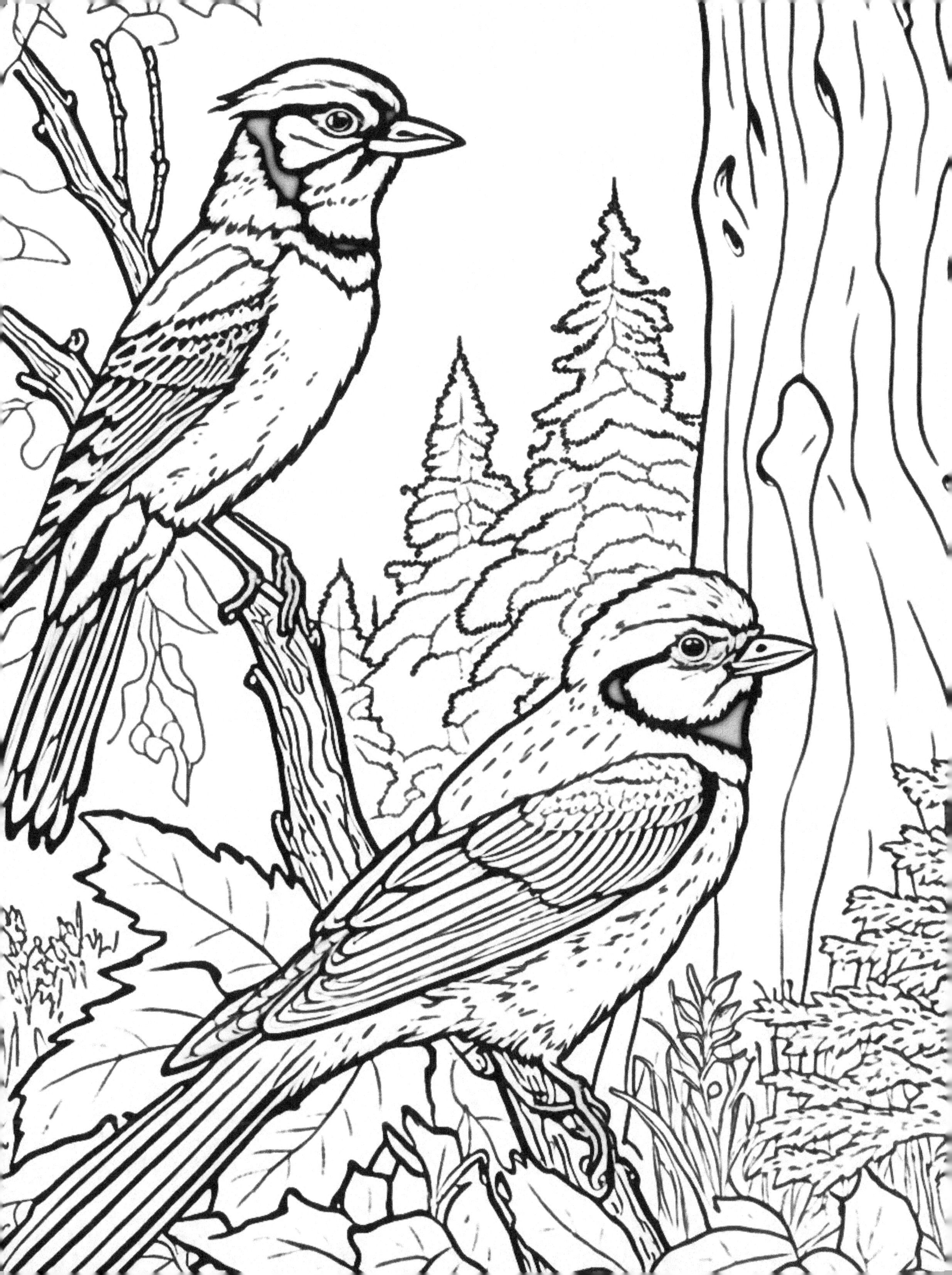

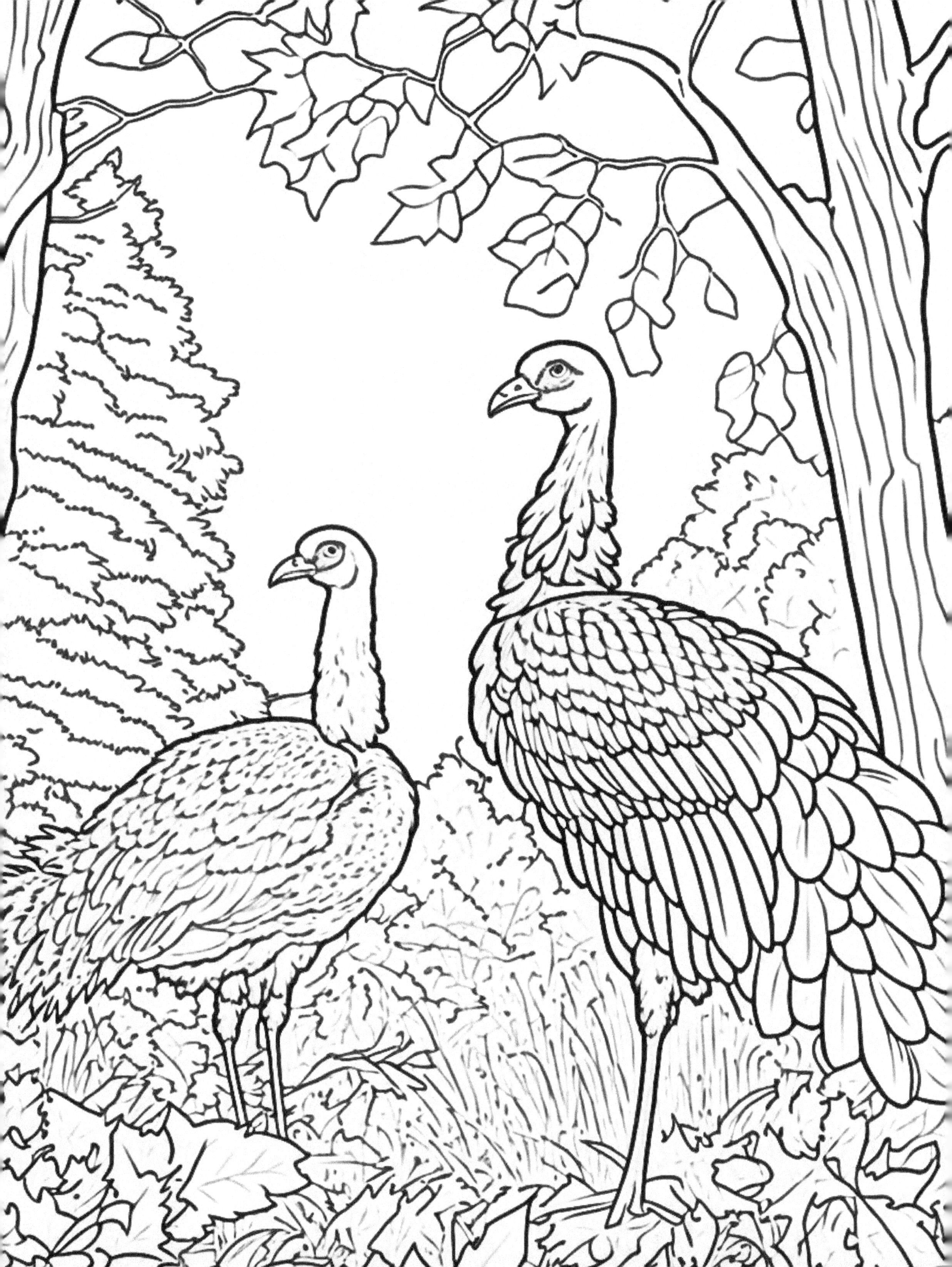

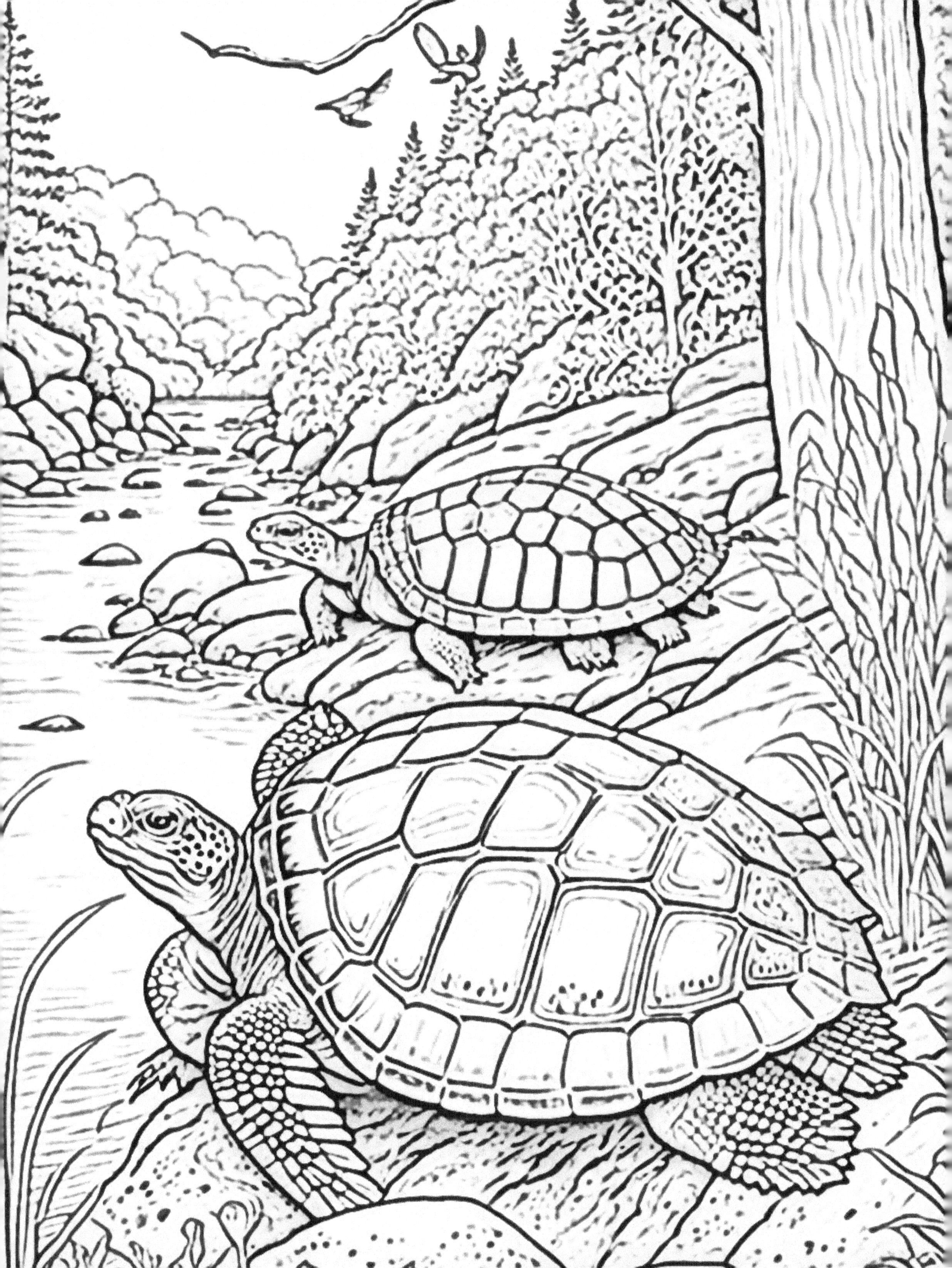

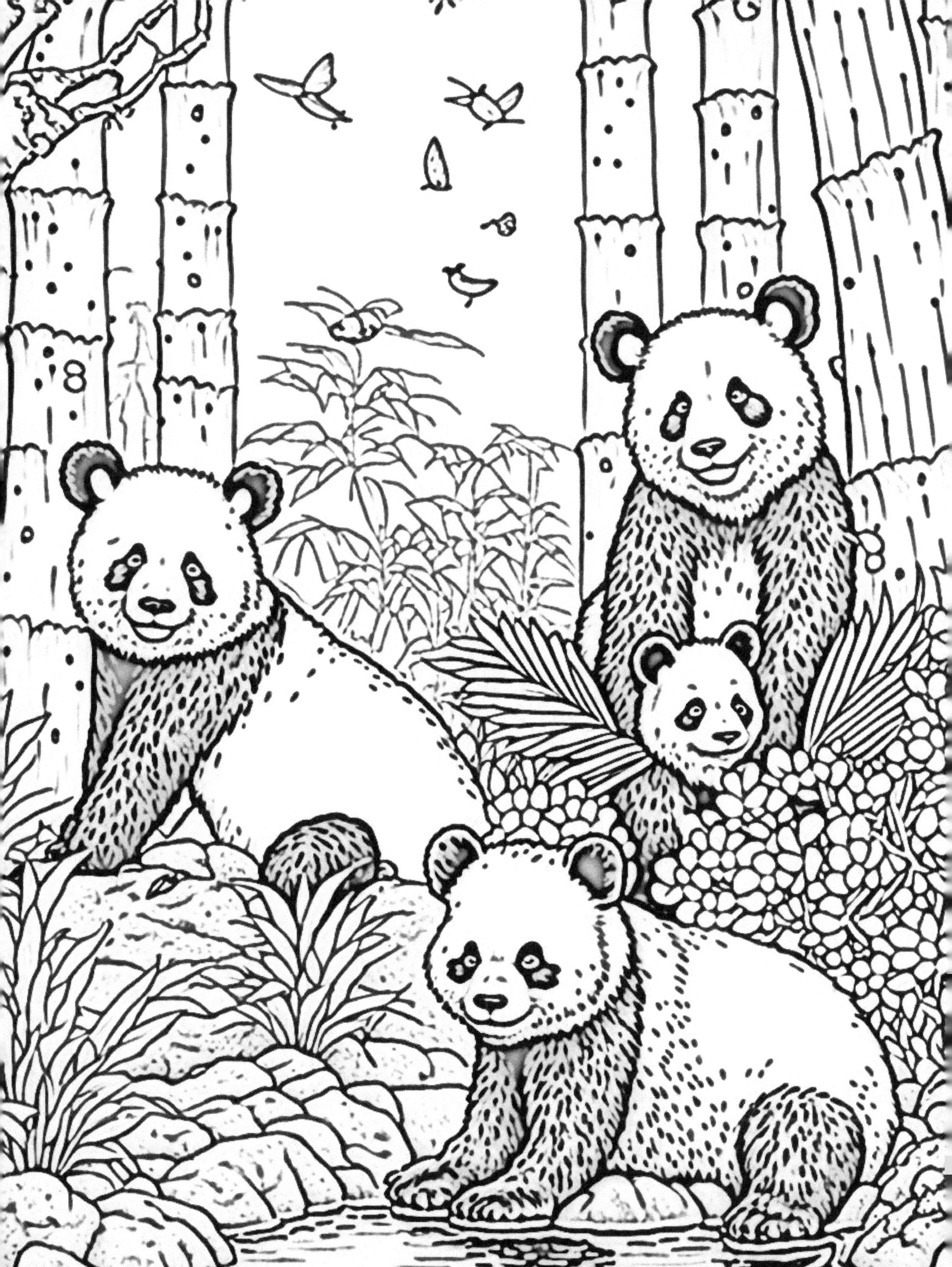

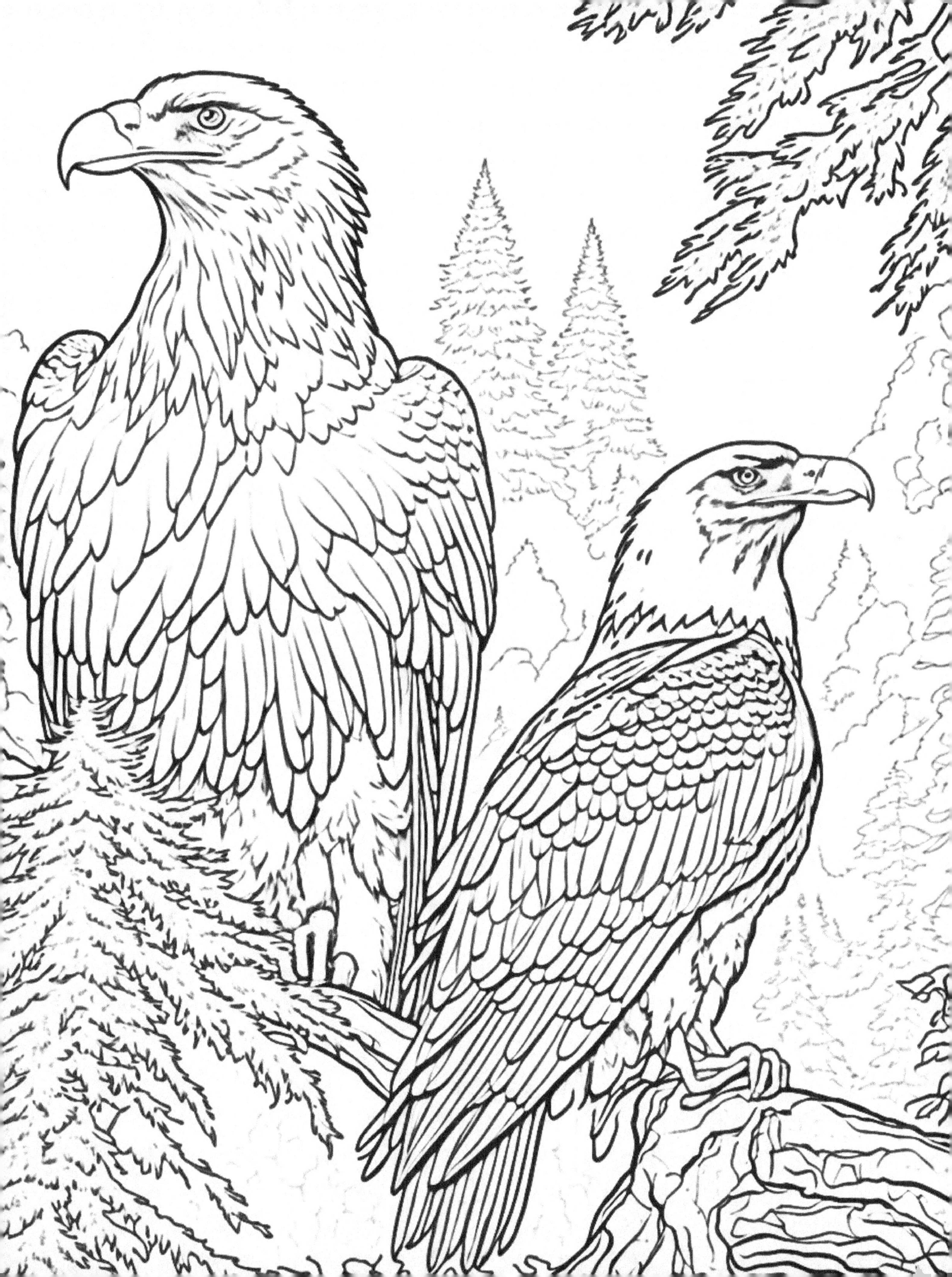

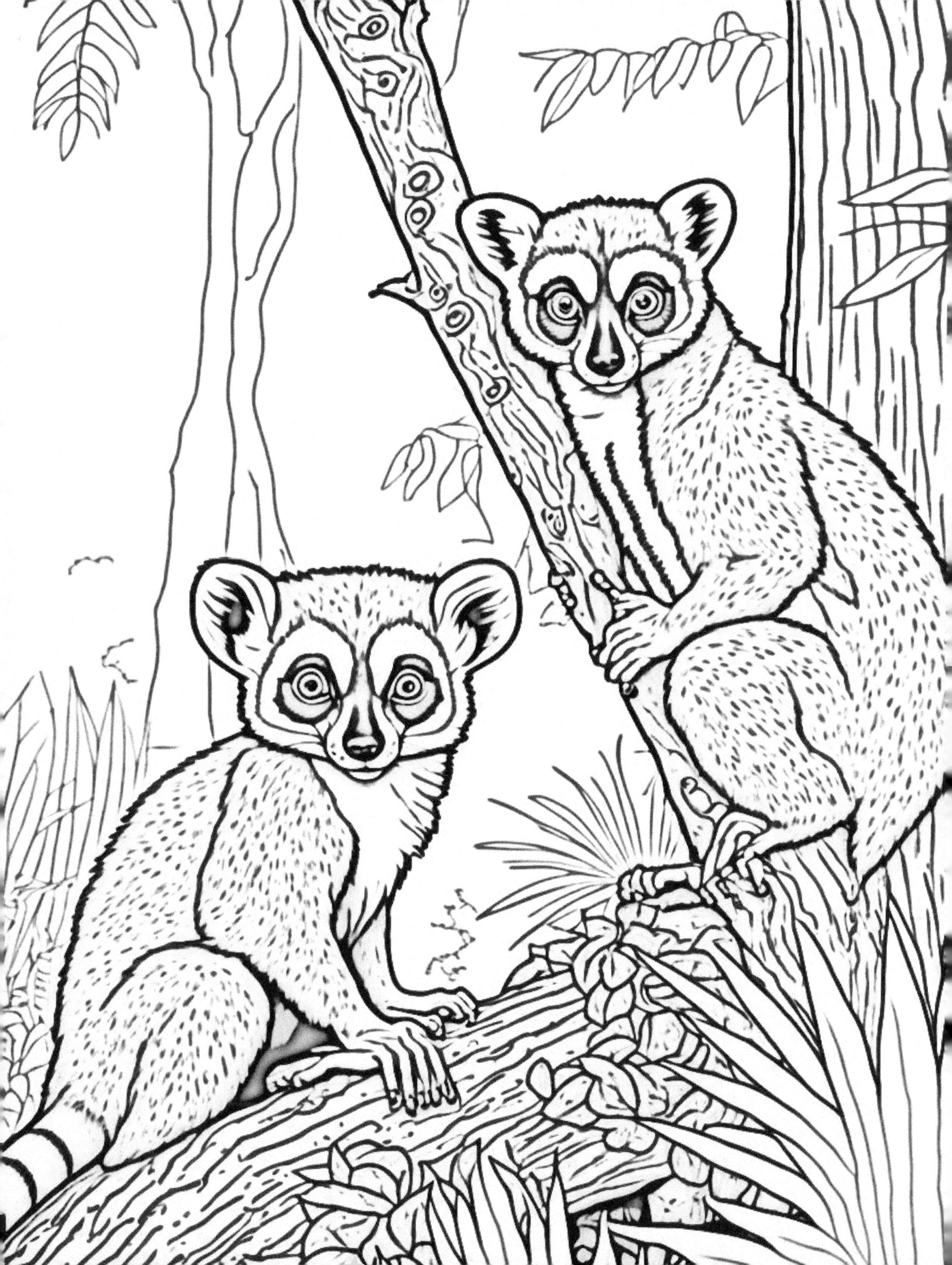

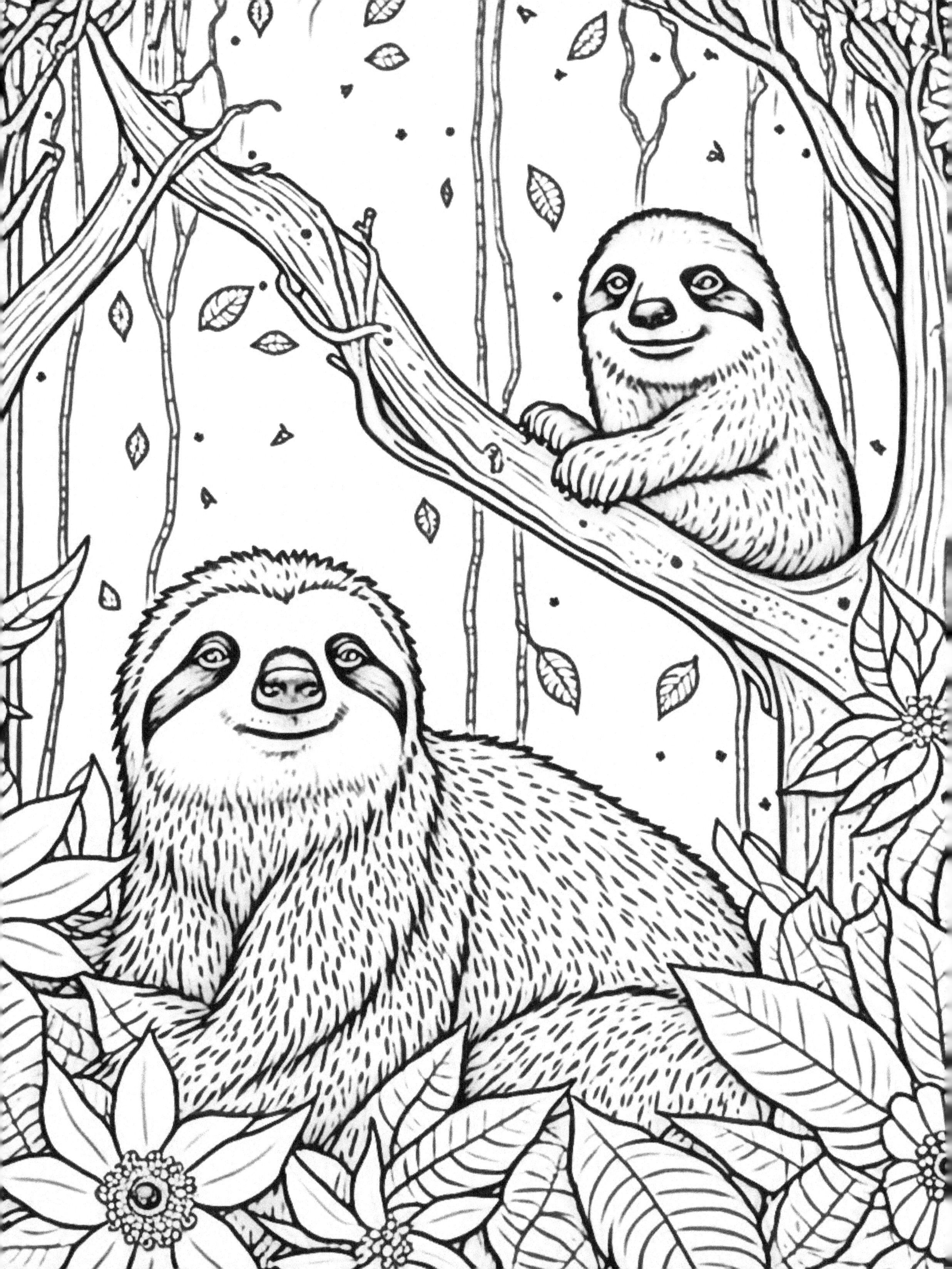

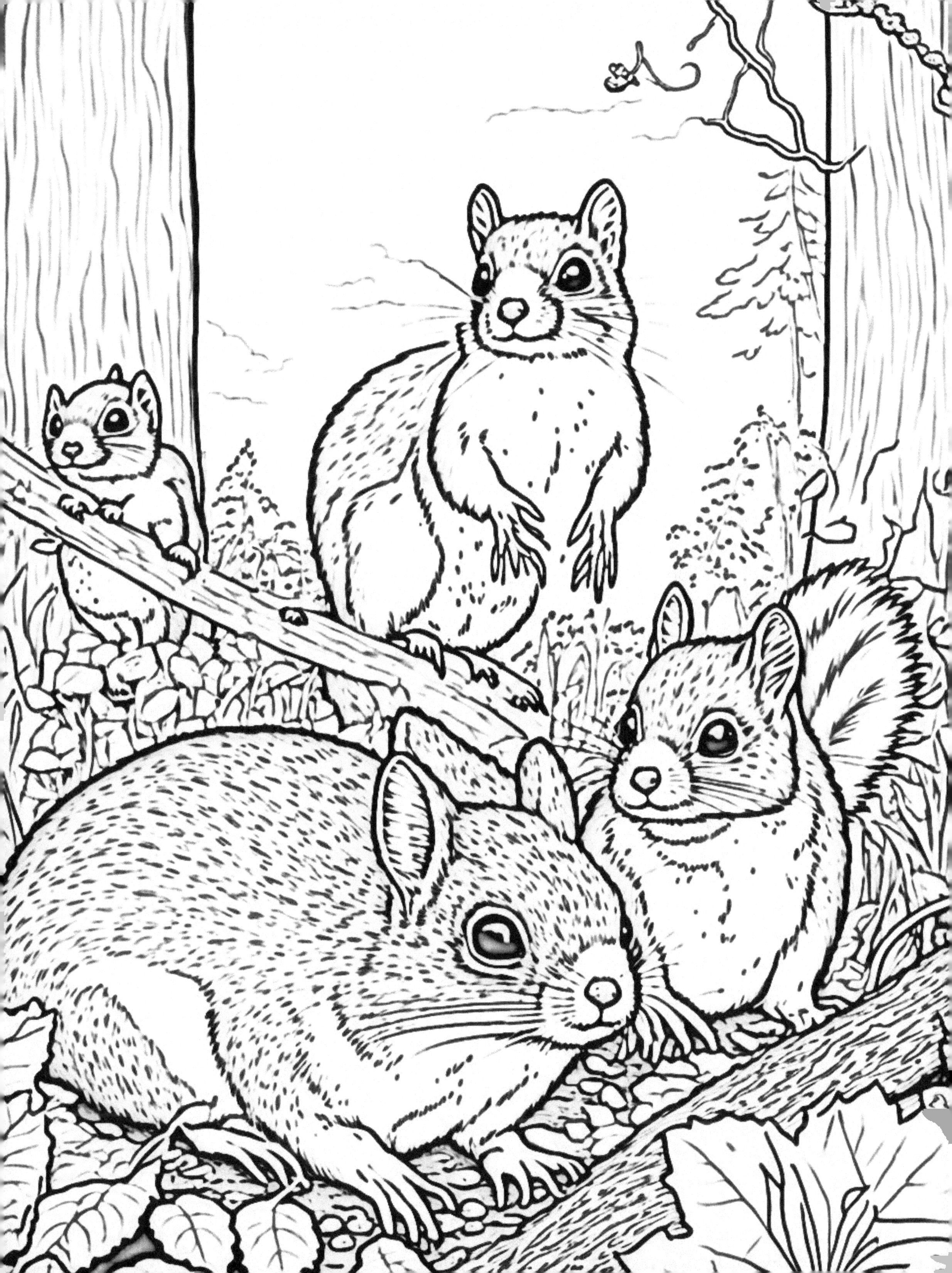

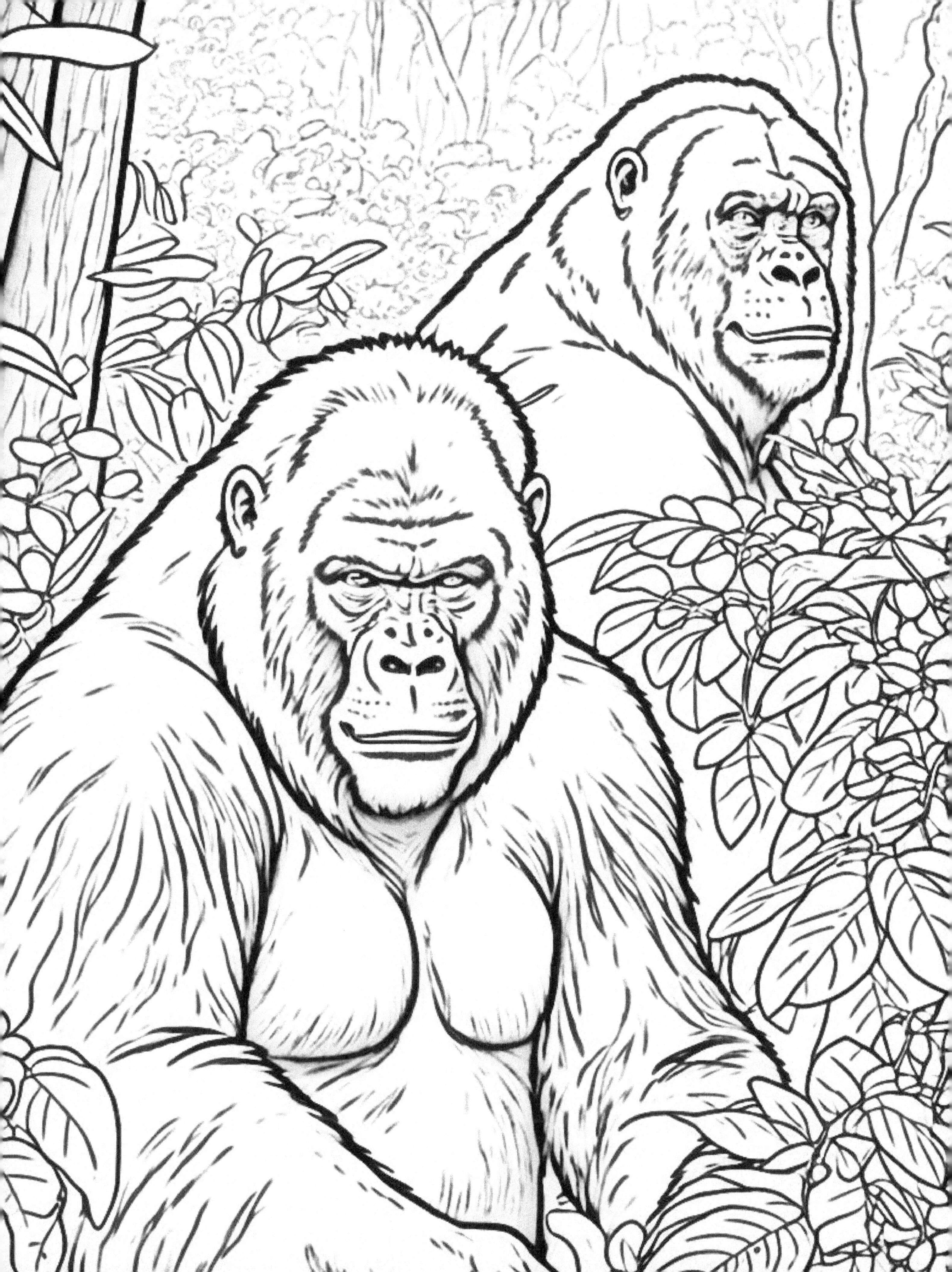

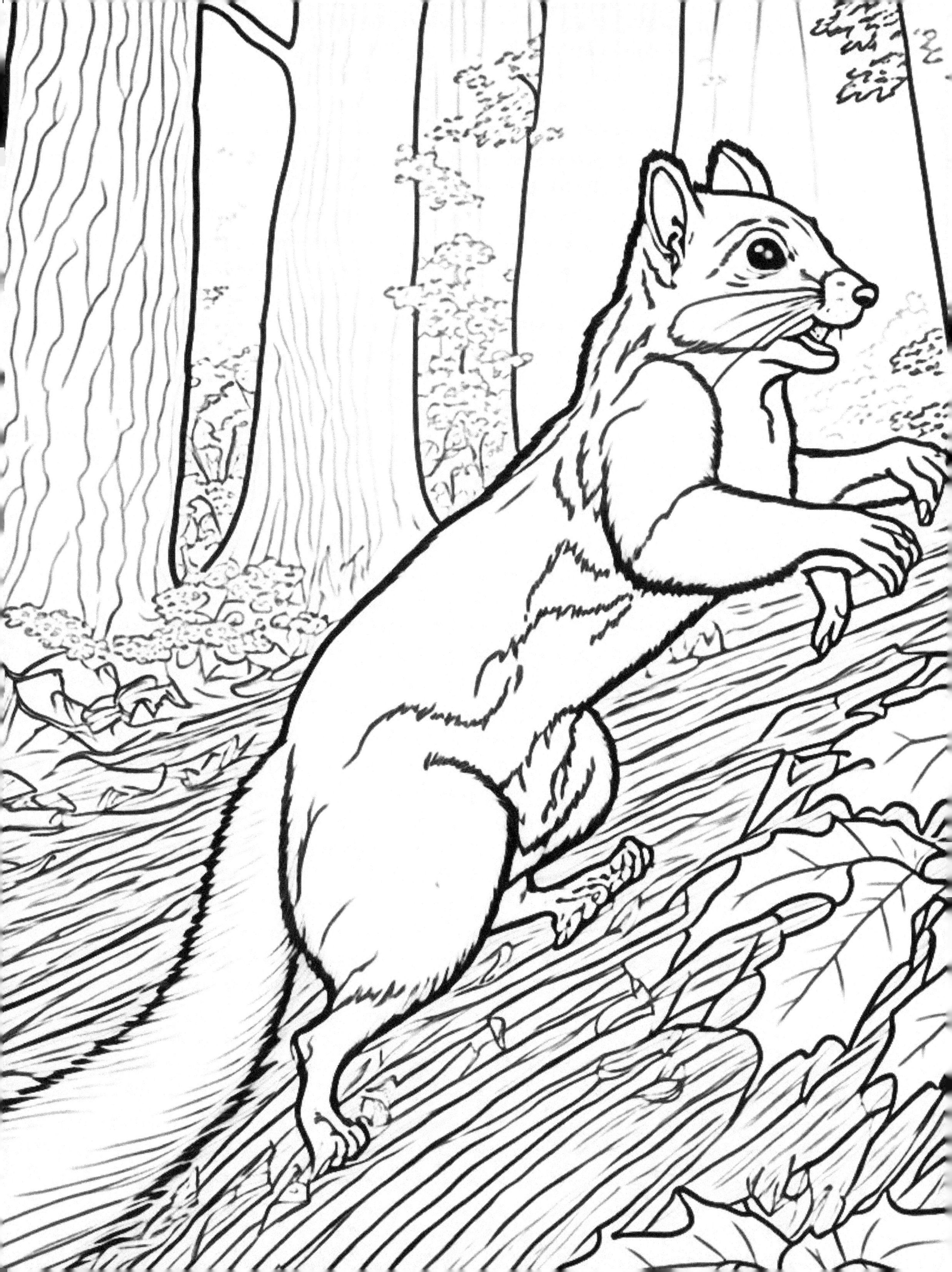

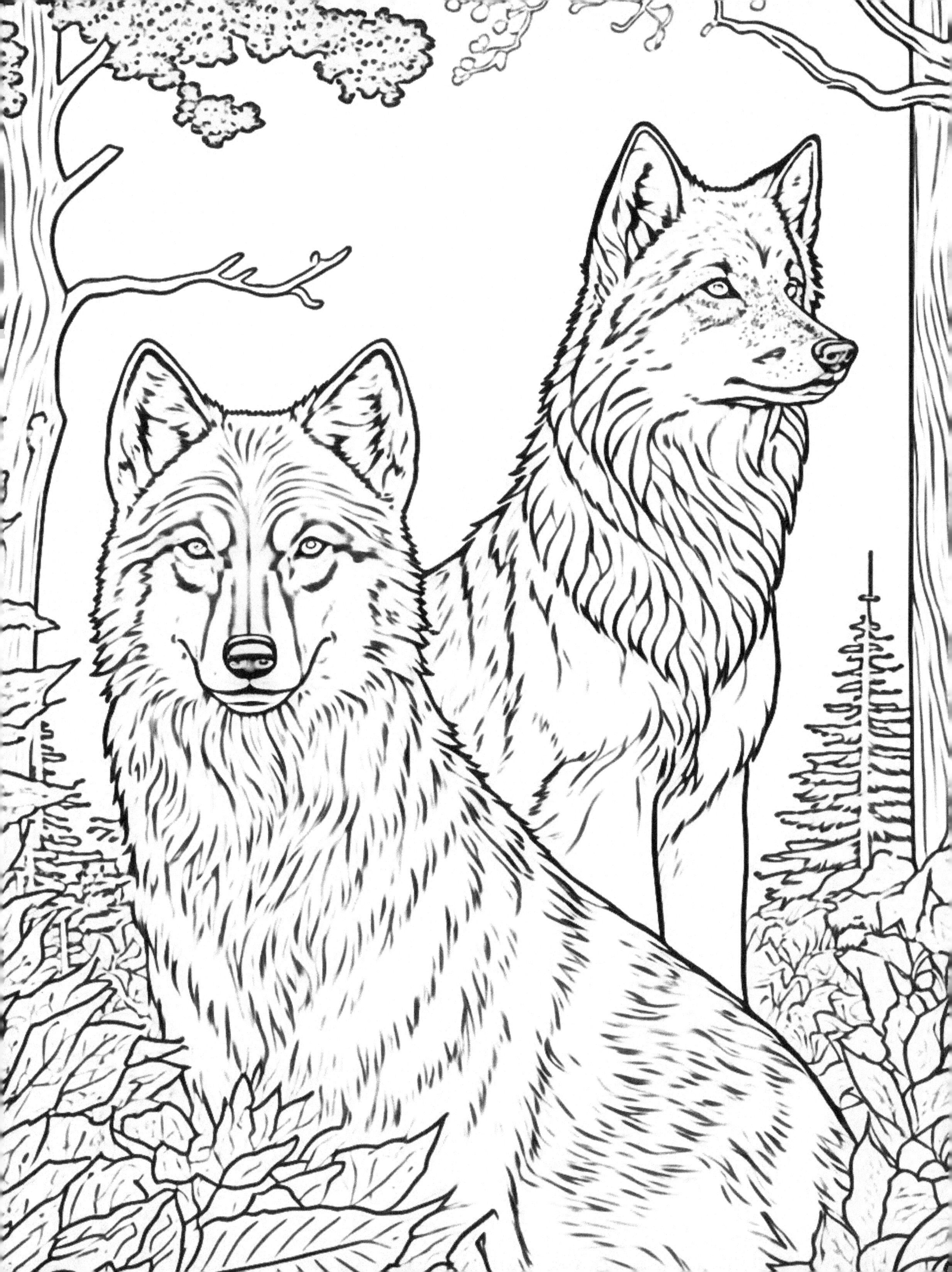

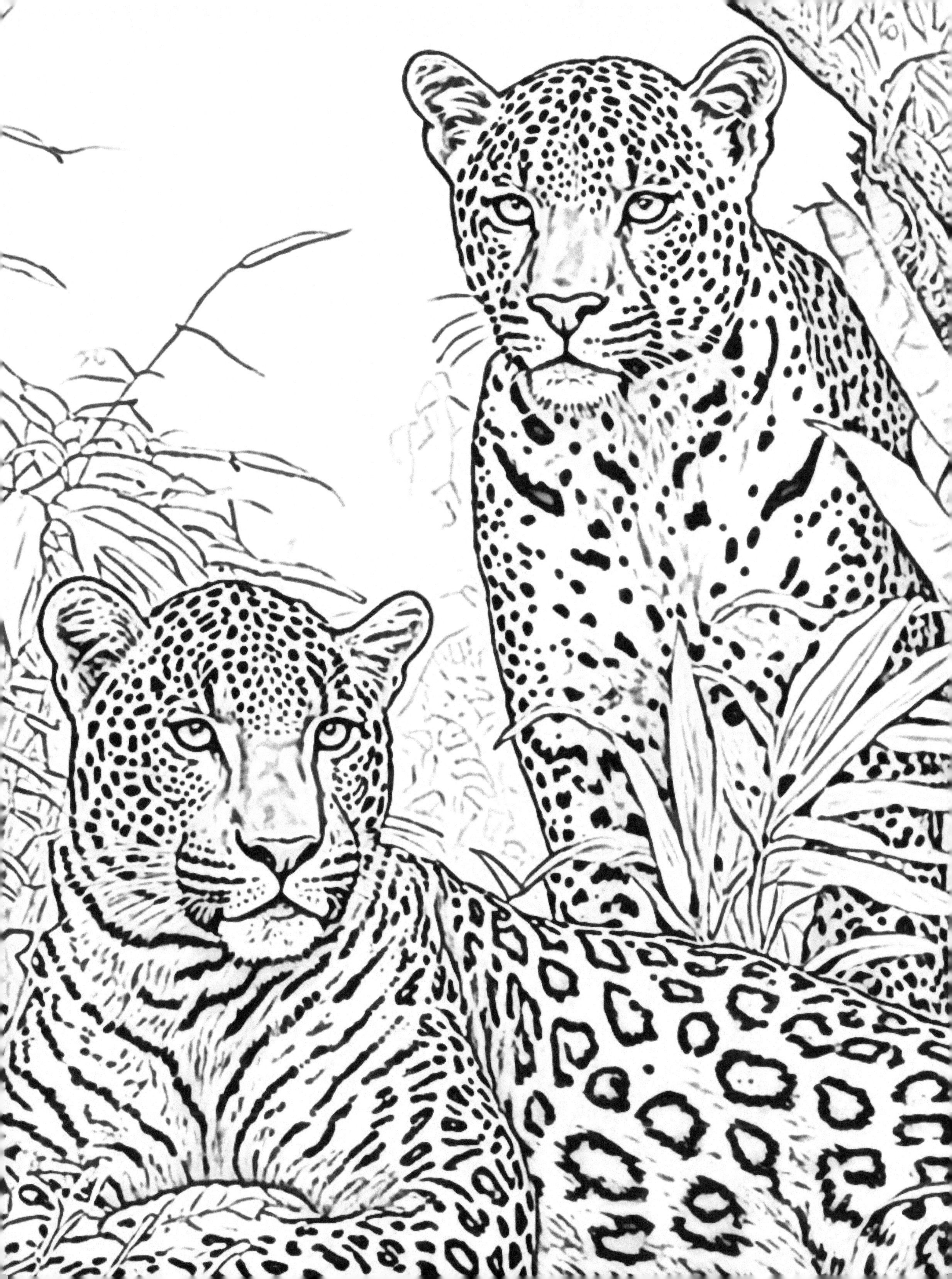

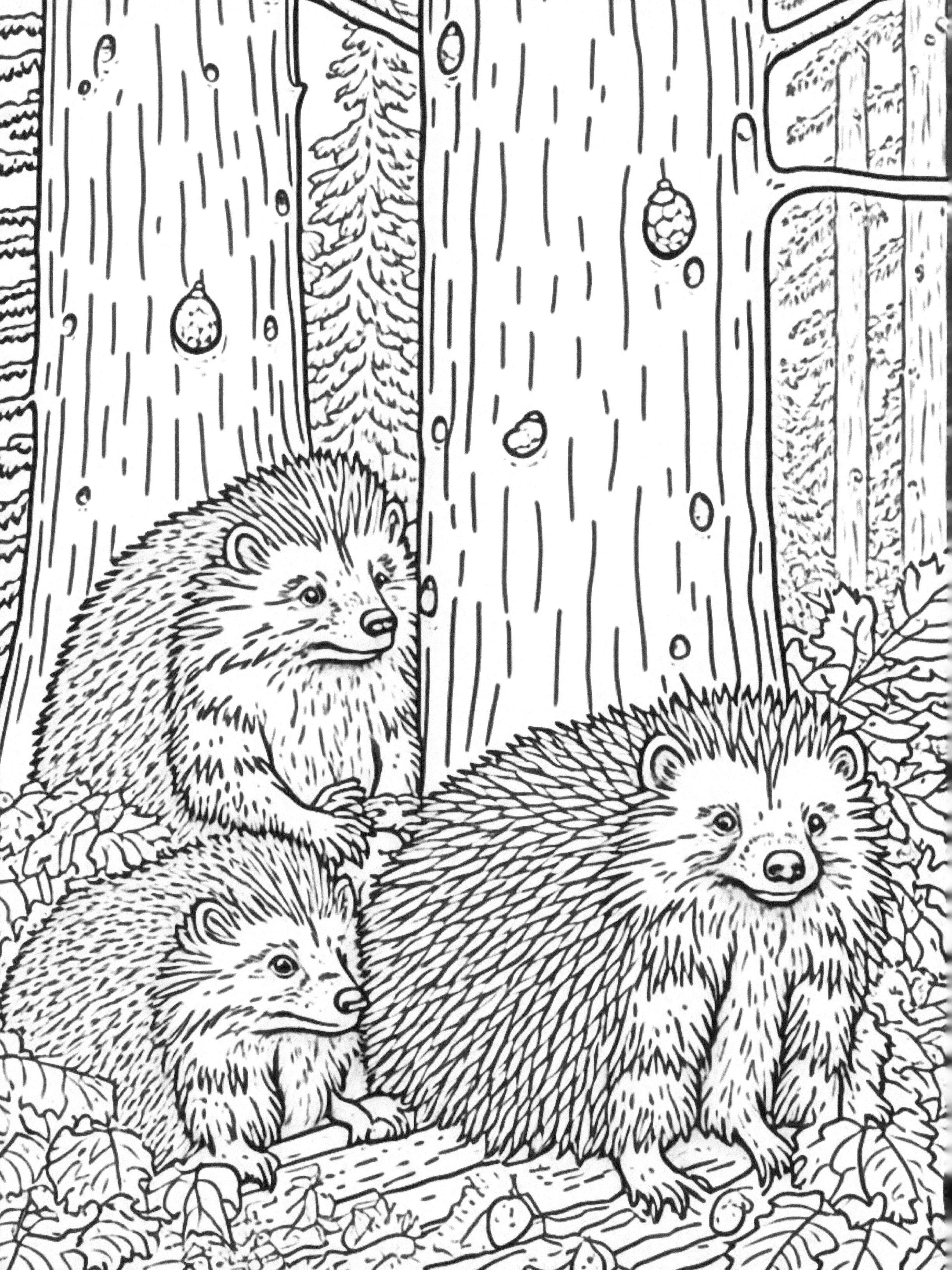

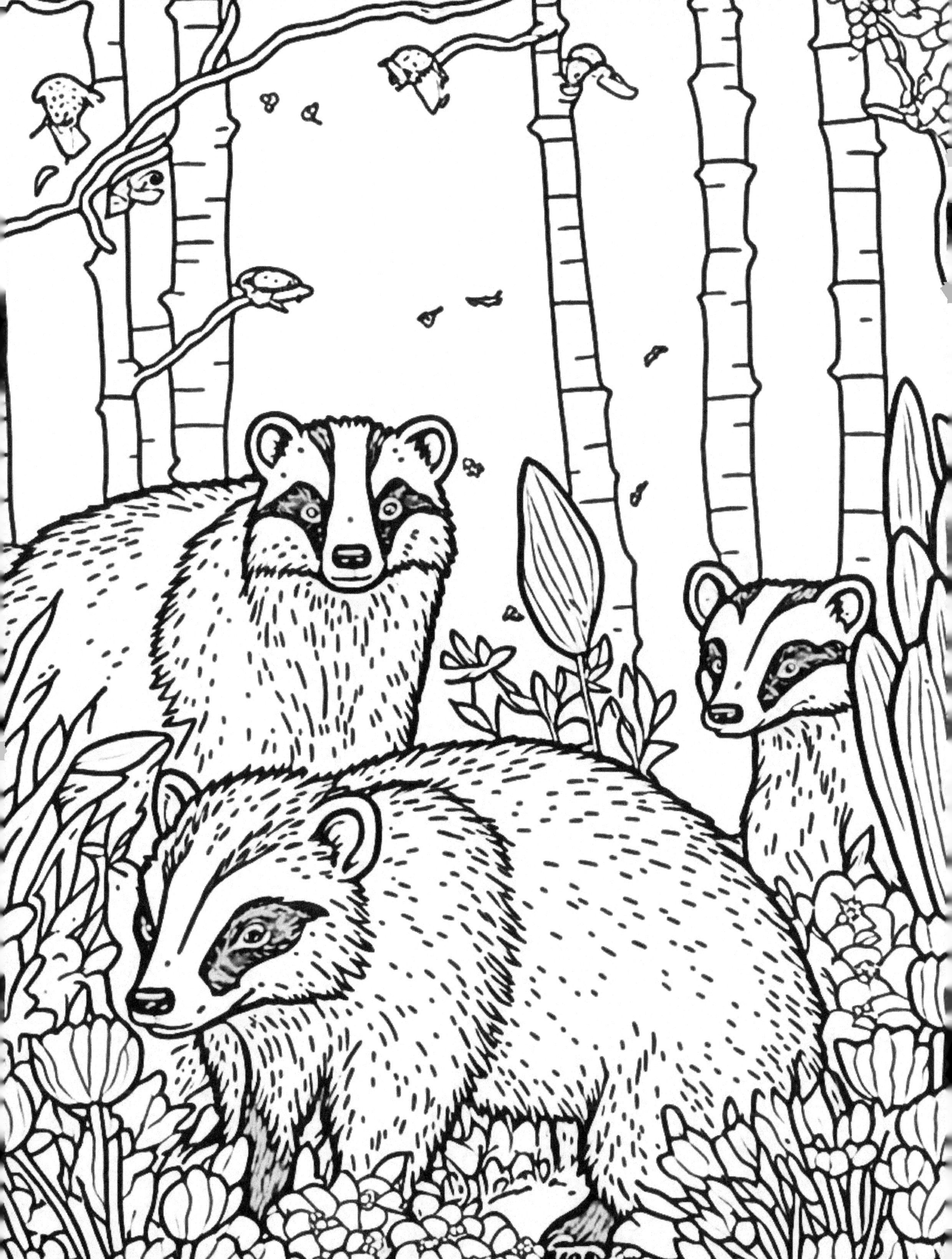

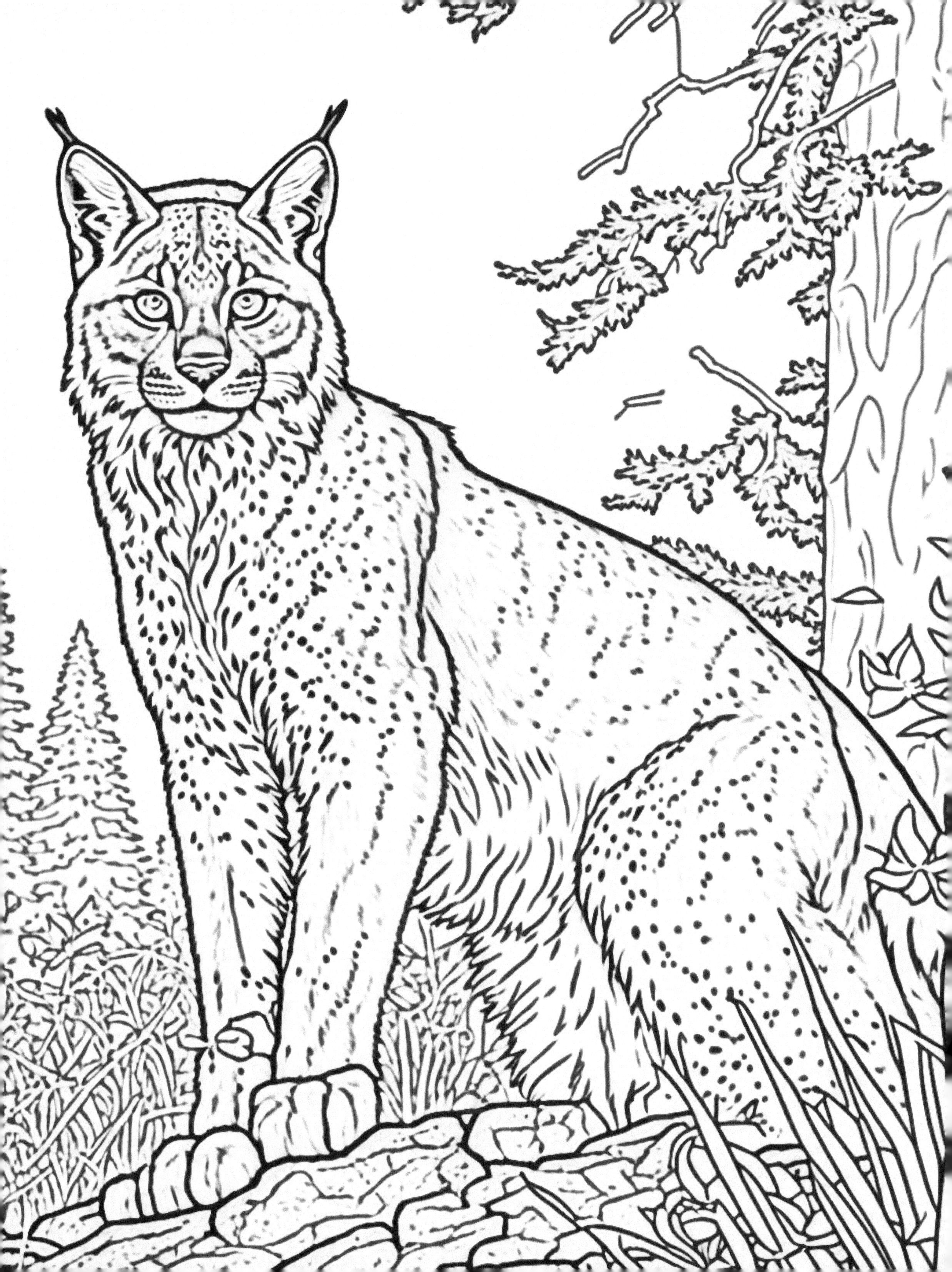

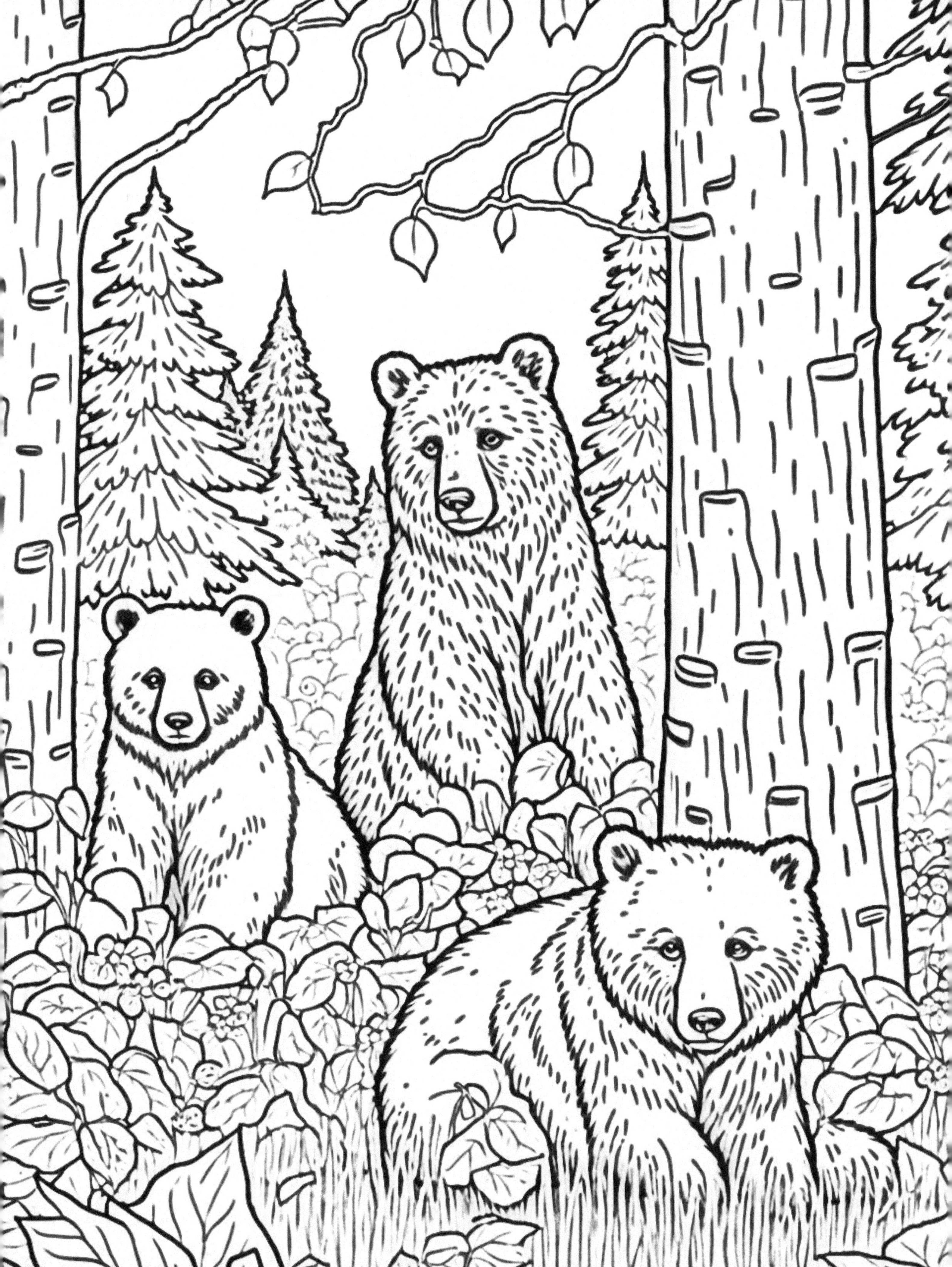

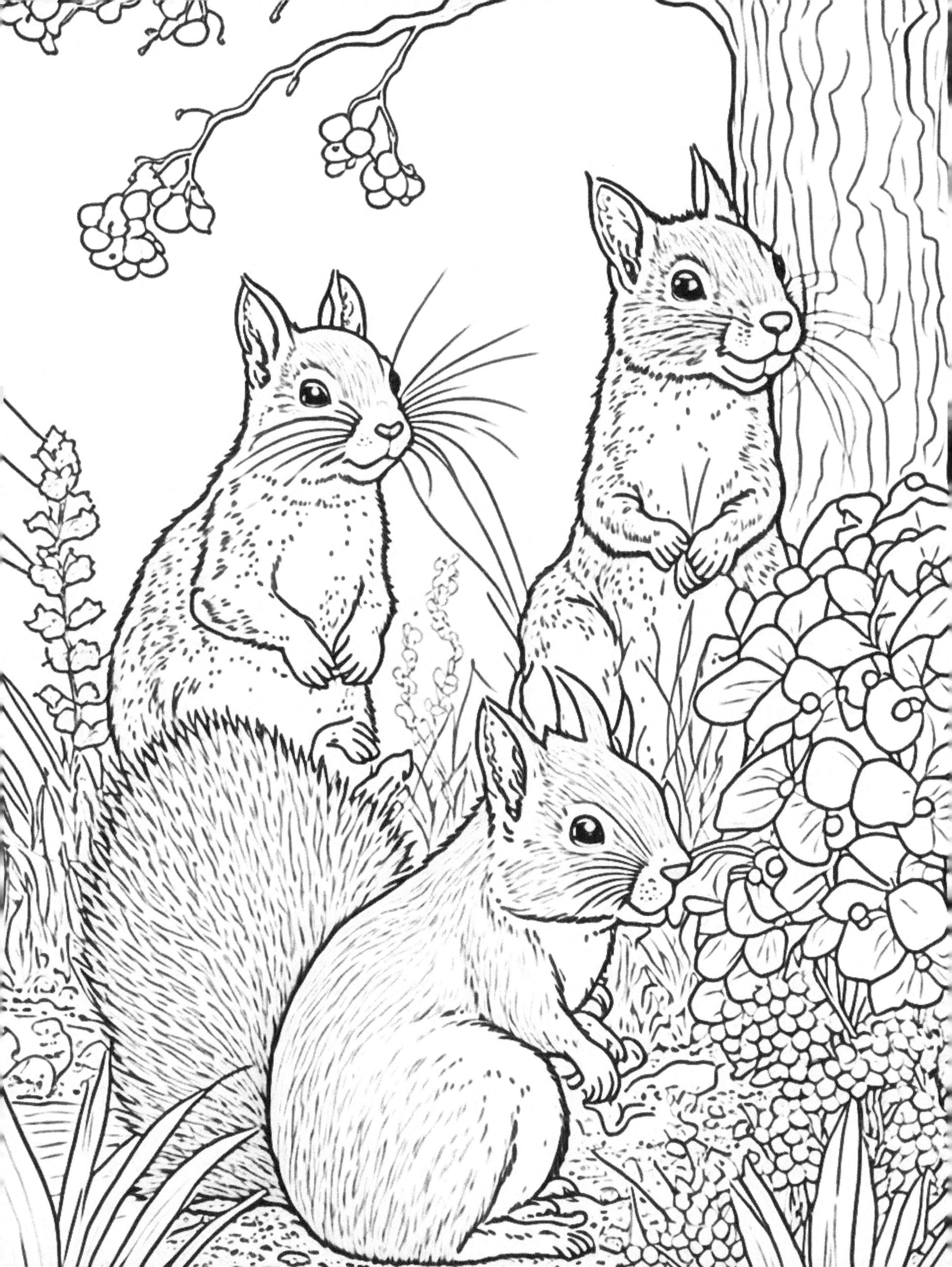

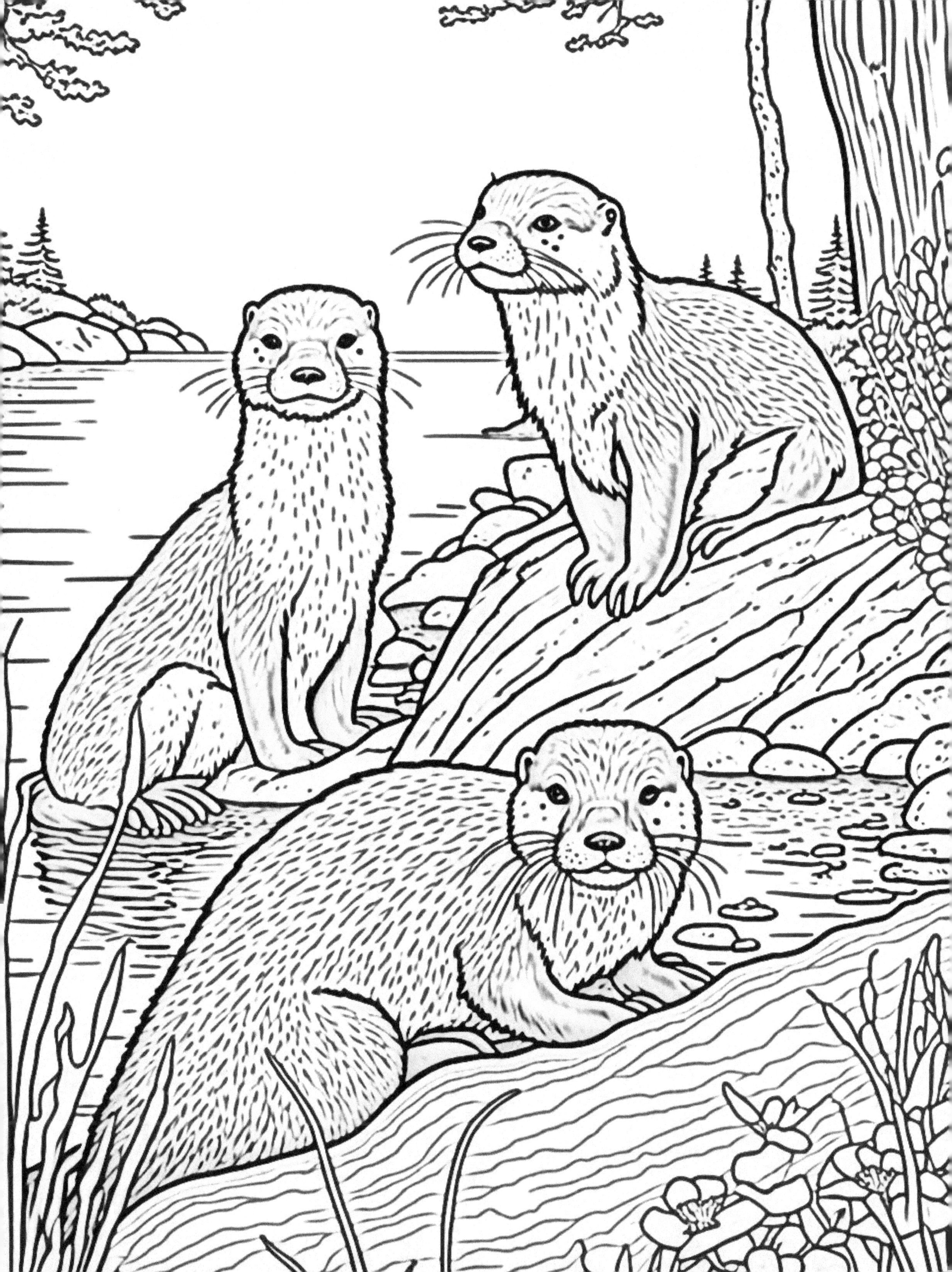

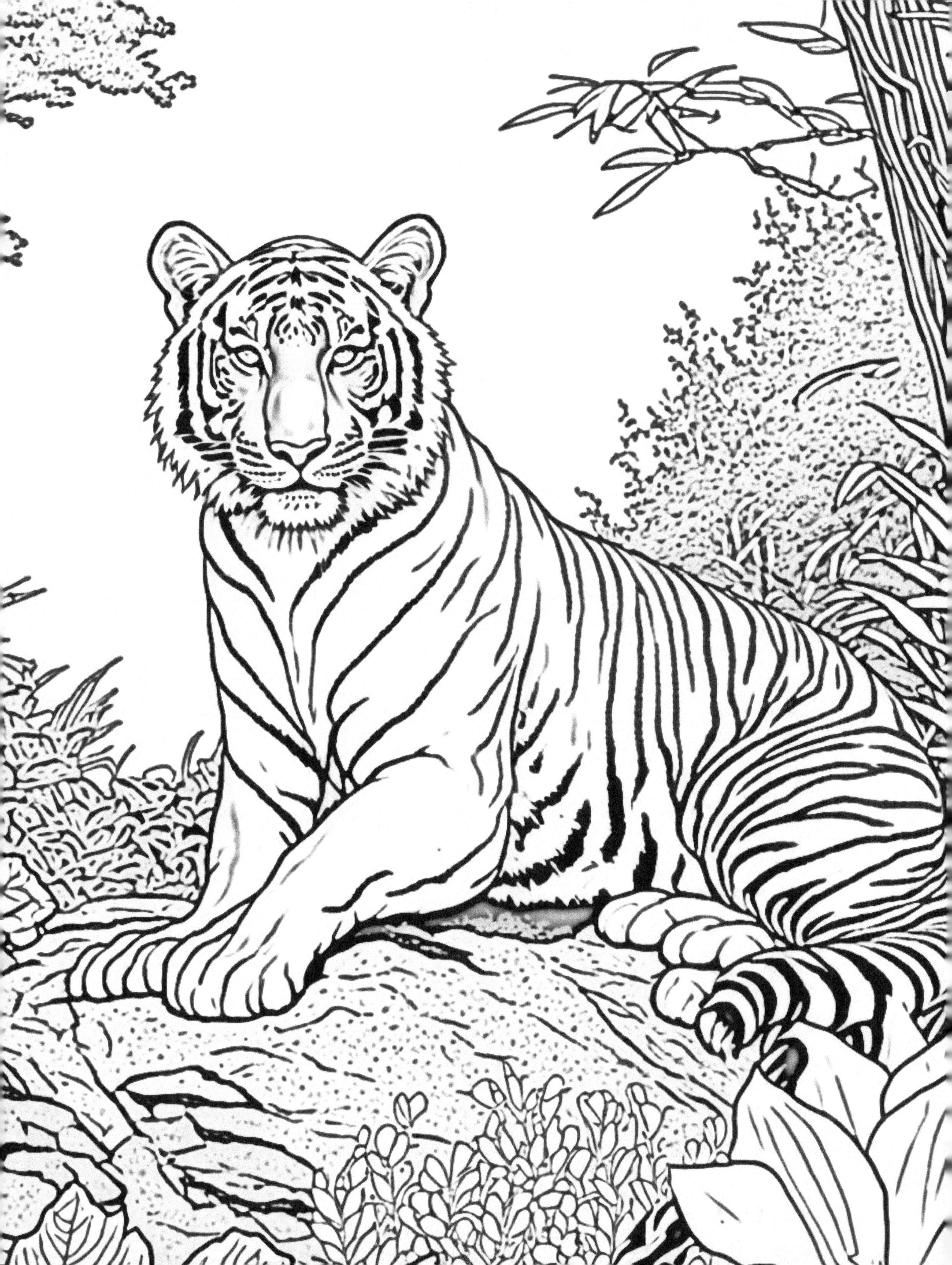

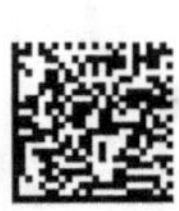

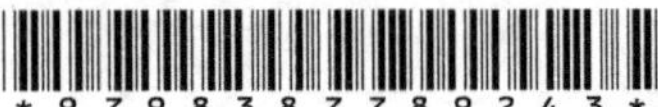